英検準2級をひとつひとつわかりやすく。

Gakken

はじめに

　中学標準レベルとされる英検5〜3級に対し，英検準2級は高校中級レベルとされ，まさに中学英語から高校・大学・社会人レベルの英語への橋渡し段階と言えます。本書はそんな英検準2級に初めてチャレンジする人をイメージし，できる限りわかりやすく，内容を厳選し，その上で実用的なものを目指してつくりました。また，英検受験自体が初めてという人や，英語があまり得意ではないという人にも安心して取り組んでもらえるように工夫をこらしました。

　過去の問題の分析に基づき，英検準2級を受ける上で「これだけは！」という必須事項を，見やすくイラストを添えて紹介しているのが本書の特長です。文法のセクションでは，中学の英文法の復習から，高校範囲の仮定法まで，英検準2級で問われる文法知識をコンパクトにまとめました。また，このレベルで絶対に押さえておきたい単語と熟語もできるだけ多く掲載しました。さらに，英語の総合的な力と特に密接に関連するリスニングについても多くの紙面を割き，表現とテクニックの両面から解説を加えています。

　各項目を一読した後は，予想問題を解いて知識を定着させましょう。英検準2級に必須の語彙，文法，読解とリスニングのスキルをマスターし，本書をやり終えたときにはこれまで以上に英語がわかり，面白いと思えるようになっているはずです。

　本書が一人でも多くの方の英検準2級への窓口となり，実用英語の世界へ羽ばたいていく後押しとなることを心から願っています。

辰巳友昭

もくじ

受験パーフェクトガイド ……… 006
英語の基本ルール ……… 012

01 準2級の重要名詞①
抽象的な名詞 ……… 020

02 準2級の重要名詞②
語法に注意すべき名詞・代名詞 ……… 022

03 準2級の重要動詞①
動詞 ……… 024

04 準2級の重要動詞②
群動詞 ……… 026

05 準2級の重要形容詞・副詞
形容詞・副詞 ……… 028

もっと！準2級の重要名詞・動詞・形容詞・副詞 ……… 030

予想テスト ……… 032

06 準2級の重要前置詞・接続詞
前置詞・接続詞 ……… 034

07 準2級の重要熟語
熟語 ……… 036

08 準2級の重要会話表現
大問❷会話表現 ……… 038

もっと！準2級の重要熟語 ……… 040

予想テスト ……… 042

09 自動詞と他動詞
自動詞と他動詞 ……… 044

10 注意すべき時制
完了形／時制の一致 ……… 046

11 注意すべき受け身
受け身 ……… 048

12 助動詞①
助動詞の基本 ……… 050

13 助動詞②
助動詞＋完了形 ……… 052

14 助動詞③
慣用表現 ……… 054

15 仮定法①
仮定法の基本 ……… 056

16 仮定法②
仮定法の重要構文 ……… 058

予想テスト ……… 060

17 不定詞
不定詞 ……… 062

18 動名詞
動名詞 ……… 064

19 分詞構文
分詞構文 ……… 066

20 関係詞①
関係代名詞 ……… 068

21 関係詞②
関係副詞 ……… 070

22 比較①
比較 ……… 072

23	比較②
	比較 ………………………………… 074
	予想テスト
	……………………………………… 076
24	長文読解のテクニック
	大問❹・❺ ……………………… 078
25	リスニング 会話表現①
	―友人・家族との会話―
	リスニング第1,2部 ……………… 086
26	リスニング 会話表現②
	― ビジネス・ショッピングでの会話―
	リスニング第1,2部 ……………… 088
27	リスニング 説明文の表現
	リスニング第3部 ………………… 090

28	リスニング問題のテクニック①
	第1部：応答文選択
	リスニング第1部 ………………… 092
29	リスニング問題のテクニック②
	第2, 3部：内容一致選択
	リスニング第2, 3部 ……………… 094
	模擬試験 …………………………… 098
	二次面接試験の流れ …………… 114
	面接の練習をしてみよう！ …… 116
	別冊　予想問題・予想テスト・模擬試験の答え

★ 本書の特長

● 本書は，過去に出題された英検の問題を徹底分析し，英検合格に必要な情報を厳選しました。わかりやすい解説と予想問題でしっかり対策できます。
● 1回分の学習は1見開き（2ページ）です。毎日少しずつ学習を進めましょう。
  ・左ページ…解説のページです。
  ・右ページ…英検準2級の予想問題です。左ページで学習した内容を，実戦的な問題で確認します。
● 単元の区切りのところに，これまで学習した内容を確認する「予想テスト」があります。
● 「予想テスト」の前のページのいくつかでは，英検準2級でよく出る重要単語・熟語などを紹介しています。
● 付属のCDには，左ページのイラスト内の英語の文や単語と，リスニング問題の音声が収録されています（右ページの筆記問題の英文は収録されていません）。問題を解き終えたあとも，CDの音声を使ってリスニングや音読のトレーニングをしてみましょう。

① CDを再生して，まずはよく聞きましょう（別冊解答の英文を見てもOK）。

② CDの音声に合わせて音読の練習をしましょう。

● CDの音声をよく聞きながら，発音や音の強弱（アクセント），高低（イントネーション）などをできるだけまねて読めるように，何度もくりかえし練習してみましょう。
● CDのあとについて読む練習をしたいときは，再生を一時停止してください。

😊 これでカンペキ！ 英検準2級
受験パーフェクトガイド

年間約230万人が受験する，実用英語技能検定（英検）。文部科学省後援の検定として人気があり，入試や就職でも評価されています。ここでは，英検準2級を受験する人のために，申し込み方法や試験の行われ方などをくわしく紹介します。

準2級の試験はこう行われる！

● 試験は筆記とリスニング

準2級の試験は**筆記試験65分**，**リスニングテスト約25分**の合計約90分です。筆記試験が終わると，2分ほどの準備時間のあと，すぐにリスニングテストが行われます。

筆記試験もリスニングテストも，解答はすべてマークシート方式（詳細は10ページ）です。リスニングテストの解答時間は，1問につき約10秒与えられます。

● 自宅の近くや学校で受けられる

英検は，全国の多くの都市で実施されています。申し込み方法にもよりますが，だいたいは自宅の近くの会場や，自分の通う学校などで受けられます。

● 試験は年3回実施される

準2級の一次試験は，**6月**（第1回）・**10月**（第2回）・**1月**（第3回）の年3回行われます。申し込み受付の締め切りは，試験日のおよそ1か月前です。

二次試験（面接試験）は一次試験の約1か月後に実施され，一次試験に合格した人だけが二次試験を受験します。

試験の申し込み方法は？

団体申し込みと個人申し込みがある

英検の申し込み方法は，学校や塾の先生を通じてまとめて申し込んでもらう**団体申し込み**と，自分で書店などに行って手続きする**個人申し込み**の2通りがあります。中学生・高校生の場合は，団体申し込みをして，自分の通う教室や学校などで受験することが多いです。

まず先生に聞いてみよう

中学生・高校生の場合は，自分が通っている教室や学校を通じて団体申し込みをする場合が多いので，まずは英検担当の先生に聞いてみましょう。

団体申し込みの場合は，先生から願書（申し込み用紙）を入手します。必要事項を記入した願書と検定料は，先生を通じて送ってもらう形になります。試験日程や試験会場なども英検担当の先生の指示に従いましょう。

個人で申し込む場合は書店・コンビニ・ネットで

個人で受験する場合は，次のいずれかの方法で申し込みます。

■ 書店で申し込む
英検特約書店（受付期間中に英検のポスターを掲示しています）に検定料を払い込み，「書店払込証書」と「願書」を英検協会へ郵送する。

■ コンビニエンスストアで申し込む
ローソン・ミニストップ・セブン-イレブン・ファミリーマート・サークルKサンクスの店内の情報端末機から直接申し込む（くわしくは英検のホームページをごらんください）。

■ インターネットで申し込む
英検のホームページ（**http://www.eiken.or.jp**）から申し込む。

申し込みなどに関するお問い合わせは，英検を実施している **公益財団法人 日本英語検定協会** まで。

・英検ホームページ　　　**http://www.eiken.or.jp**
・英検サービスセンター　☎ 03-3266-8311

＊英検のホームページでは，試験に関する情報・優遇校一覧などを公開しています。

準2級の出題内容を知ろう！

準2級の試験は，出題形式別に，筆記5題・リスニング3題の大問に分けられています。ここで，大問ごとの内容を見てみましょう。

筆記試験：65分，45問

■ 大問1　短い文の空所に入る適切な語句を選ぶ問題　→ 20問

短い文や会話を読んで，（　）に適する語句を選ぶ問題です。おもに語い力が問われます。

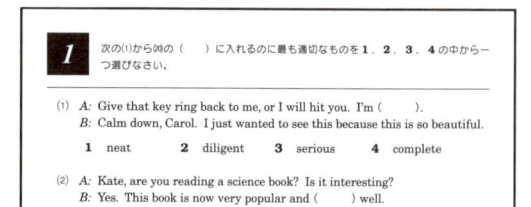

■ 大問2　会話文の空所に入る適切な英文を選ぶ問題　→ 8問

会話文を読んで，（　）に適する文や語句を選ぶ問題です。会話の流れを読み取る力と，会話表現の知識が問われます。

■ 大問3　短文中の語句の並べかえの問題　→ 5問

前後関係に合うように語句を並べかえて，2番目と4番目にくる最も適切なものを1つずつ選ぶ問題です。総合的な作文の力が問われます。

■ 大問4　長文中の空所に入る適切な語句を選ぶ問題　→ 5問

長文を読んで，長文中にある（　）に適する語句を選ぶ問題です。おもに読解力が問われます。A，Bの2つの形式があります。

4Aでは150語程度の物語文，4Bでは文化・社会・自然科学などをテーマにする250語程度の長文を読みます。4Aは2問，4Bは3問あります。

> [4][A] 次の英文 [A], [B] を読み, その文意にそって(34)から(38)までの (　) に入れるのに最も適切なものを 1, 2, 3, 4 の中から一つ選びなさい。
>
> **Vinny's Collection**
>
> Vinny collects postcards. Whenever he travels, he always brings home a lot of postcards to add to his collection. When his friends and family travel, they always make sure to (　34　) Vinny postcards. Vinny always appreciates them, and adds them to his binders. He organizes his postcards based on what cities

> [4][B]
>
> **The Flu Shot**
>
> Every year doctors recommend that everyone get a flu shot. This shot prevents you from catching the flu. That also means that you won't give the flu to anyone. For many people, catching the flu can be unpleasant, but it usually only lasts a week or so. For some people, however, the flu can be much more (　36　). Around half a million people die each year from the flu. That's why it

■ 大問5　長文を読んで答える問題　　→ 7問

　長文を読んで、その内容についての質問に対する答えを選ぶ問題です。おもに読解力が問われます。A, Bの2つの形式があります。5Aでは200語程度のEメール, 5Bでは文化・社会・自然科学などをテーマとする300語程度の説明文を読みます。5Aは3問, 5Bは4問あります。

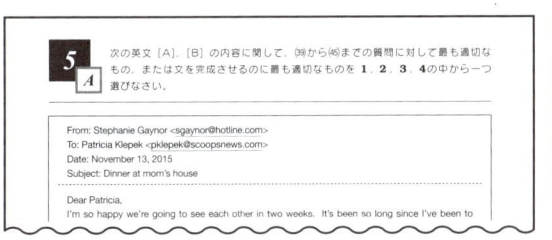

> [5][A] 次の英文 [A], [B] の内容に関して、(39)から(45)までの質問に対して最も適切なもの、または文を完成させるのに最も適切なものを 1, 2, 3, 4 の中から一つ選びなさい。
>
> From: Stephanie Gaynor <sgaynor@hotline.com>
> To: Patricia Klepek <pklepek@scoopsnews.com>
> Date: November 13, 2015
> Subject: Dinner at mom's house
>
> Dear Patricia,
> I'm so happy we're going to see each other in two weeks. It's been so long since I've been to

> [5][B]
>
> **The Poker Boom**
>
> Around the years of 2003 to 2006, there was a great increase in popularity of the game of poker in the United States. Poker is believed to have been invented in the United States in the early 1800s, and has always been somewhat popular across the country. It was closely associated with cowboys and the old steamboat casinos in the South. However, it wasn't until 2003 that poker really took off.

リスニングテスト：約25分, 30問

■ 第1部　適切な応答を選ぶ問題　　→ 10問

　A→B→Aの短い会話を聞いて、それに対するBの応答として適するものを、放送される選択肢から選ぶ問題です。問題用紙に印刷されているのは問題番号だけで、応答の選択肢も放送で読まれます（英文と選択肢は1度しか読まれません）。

> 第1部
> **No. 1～No. 10** （選択肢はすべて放送されます）
> CD2 01

■ 第2部　対話文についての質問に答える問題　　→ 10問

　A→B→A→Bのやや長い会話と、その内容についての質問を聞いて、質問の答えを選ぶ問題です。問題用紙には選択肢の英文が印刷されています（会話と質問は1度しか読まれません）。

> 第2部
> No. 11　1　He has a friend in Utah.
> 　　　　2　He has no plans for vacation.
> 　　　　3　He enjoys rock climbing.
> 　　　　4　He is the woman's brother.
> CD2 02

■ 第3部　英文についての質問に答える問題　　→ 10問

　やや長い英文と、その内容についての質問を聞いて、質問の答えを選ぶ問題です。問題用紙には選択肢の英文が印刷されています（英文と質問は1度しか読まれません）。

> 第3部
> No. 21　1　It doesn't have any relation with any other languages.
> 　　　　2　It used to be spoken by many people in Europe.
> 　　　　3　It is one of the oldest languages in the world.
> 　　　　4　It has more native speakers than French or Spanish.
> CD2 03

準2級のレベルと合格ライン

準2級は「身近な英語」レベル！

　日本英語検定協会の審査基準によると，英検準2級は**「身近な英語を理解し，また使用することができる」**レベルです。目安としては**高校中級程度**とされています。

合格ラインは満点の60％前後！

　筆記・リスニング合わせて75問のうちの**60％前後（45問前後）**正解すれば一次試験の合格ライン＊です。

　試験では「語い・文法力」「読解力」「作文力」「聴解力（リスニングの力）」といったさまざまな英語の力が総合的に試されます。苦手な部分をつくらないように，それぞれの力をバランスよく身につけておくことが大切です。

＊合格ラインは，過去の結果からみた目安です。回により合格ラインには微妙な差があります。

解答はマークシート方式！

　解答は，4つ（リスニングテストの第1部は3つ）ある選択肢から1つを選び，解答用マークシートのその番号の部分をぬりつぶすマークシート方式です。試験では次の点に注意しましょう。

- HBの黒鉛筆を使うこと（シャープペンシルも使用可とされています）。ボールペンや色鉛筆は使えません。
- 機械で読み取れるように，はっきりとぬりつぶすこと。
- まちがえてマークしてしまったときは，消しゴムできれいに消してから，新しい解答をマークすること。

英検攻略アドバイスと本番スケジュール

英検は出題パターンが決まっている！

英検の出題パターンはある程度決まっています。本書は，英検を徹底分析し，よく出るポイントをわかりやすく説明しているので，効率よく学習できます。また，「予想問題」「予想テスト」があるので，これらを何回も勉強することで，問題のパターンもよくわかりますし，本番になってもあわてないですみます。

さまざまなテーマの英文が出題される！

準2級の出題内容は「高校中級程度」です。文系，理系を問わずさまざまなテーマの英語長文が出題されます。本書でもできるかぎりの単語・熟語を掲載したのでしっかり覚えましょう。また接頭語・接尾辞などの単語のパーツや文脈などに注意して，知らない単語の意味を推測する力も重要になります。

リスニングテストの配点が高い！

準2級でのリスニングテストの配点は **40％** もあります。本書の付属CDを聞いて，リスニングテストの形式に慣れておきましょう。

本番スケジュール

① 受付で通知表と受験票（個人受験の場合）を見せます。

⬇

② 自分の受験する教室を確認し，着席します（**受験番号**によって**教室がちがう**ので，よく確認しましょう。また，お手洗いは混雑するので早めに行きましょう）。

⬇

③ **問題冊子**と**解答用紙**が配られます。

⬇

④ 受験者心得の放送の指示に従って，解答用紙に**必要事項**を記入します。

⬇

⑤ 試験監督の合図で筆記試験開始！

😊 英語の基本ルール

英検の勉強に入る前に，学習を進めていく上で基本となる用語やルールを確認しておきましょう。はじめから読んでもいいですし，わからない部分があればそこだけ読んでもかまいません。また，本書を読んでいて，基本ルールがわからなくなったら，ここに戻って確認しましょう。

英語の文をつくるパーツ

文が「完成品」だとすると，単語は文をつくるための「パーツ」にあたります。その単語はそれぞれの役割に応じて，次の10種類に分類されます。これを「品詞」といいます。

①**名詞**：人やもの，ことの名前を表す語です。

- dog 犬
- music 音楽
- London ロンドン
- Jack ジャック

②**動詞**：「〜する」「〜である」のように動作や状態を表す語です。

- walk 歩く
- sleep 眠る
- take 取る
- think 考える

③**形容詞**：人やものの様子や状態を表す語です。名詞や代名詞を修飾します。「修飾」とは飾ること，つまり情報をプラスして，くわしく説明するということです。

- an [old] book 古い
- a [beautiful] flower 美しい
- It's [cold] today. 寒い

④**副詞**：動詞・形容詞・ほかの副詞を修飾する語です。「程度・頻度」「様子」などの情報をプラスします。

She [always] speaks [very] [fast].
いつも　　　　　とても　はやく

⑤ 代名詞：名詞の代わりに使う語です。

　「あれ，これ」と指で示すときに使う「指示代名詞」(this, that など) や，人をさすときに使う「人称代名詞」(I, you, we など) などがあります。

⑥ 冠詞：名詞の前につく語です。名詞のアタマ（前）に「冠」のようにつく語だと覚えましょう。

　冠詞には「不定冠詞」と呼ばれる a[an] と「定冠詞」と呼ばれる the があります。後ろに母音 (a/i/u/e/o の音) ではじまる単語がくる場合には，a は an になります。

　不定冠詞 a[an] は「どれでもいいひとつ」（不特定）を表します。the は会話をしているメンバーの中で「これ！」と決まっていること（特定）を表します。

⑦ 助動詞：動詞の前に置かれ，話し手の気持ちや判断を付け加える語です（p.50 でも説明します）。

　例　will（〜だろう），can（〜できる），may（〜かもしれない），should（〜すべきだ）

⑧ 前置詞：文字どおり，名詞や代名詞の「前に置く語」のことです。名詞や代名詞とセットになって，「時間」「場所」「方向」などを表します。

⑨ 接続詞：単語と単語，文と文をつなぐ働きをする語です。

　接続詞には等位接続詞と従属接続詞があります。

・等位接続詞：単語と単語，文と文などを対等な関係でつなぐ働きをする接続詞。

　例　and（〜と…），but（しかし），or（または）

・従属接続詞：名詞や副詞などの役割をするカタマリをつくる接続詞。従属接続詞がつくるカタマリは「従属節」と呼ばれ，メインの節（主節）に情報をプラスする働きをします。

　例　that（〜ということ），when（〜のとき），while（〜するあいだに）

⑩ 間投詞：驚きや喜びなどの感情や，呼びかけなどを表す語です。

　例　oh（おお），hi（やあ），wow（うわあ）

単語の役割に関する用語

単語は文の中でさまざまな役割を果たします。ここでは単語の役割を表す用語をまとめておきます。

● 主語：「～は」「～が」という動作をする人やものを表す単語です。主語になるのは名詞や代名詞です。

● 述語動詞：主語の後ろに続いて，「～する」（動作）「～である」（状態）などの意味を表す単語です。

● 目的語：他動詞や前置詞の後ろに置いて，動作の対象を表す単語。目的語になるのは名詞や代名詞です。

主語
= 動作をする人やものを表す
→ He pushed the car. 彼は車を押しました。
← 目的語 = 動作の対象を表す
← 動詞 = 動作を表す

● 補語：主語や目的語に説明を補う単語です。補語になるのは名詞や形容詞です。

● 修飾語：文や語句を「飾る」単語，つまり情報をプラスする単語ということです。形容詞や副詞などが修飾語にあたります。

単語のカタマリに関する用語

主語と動詞を含み，ピリオド（.）やクエスチョンマーク（？）で終わるものを「文」といいます。「文」よりも小さな単語のカタマリとして「句」と「節」と呼ばれるものがあります。

● 句：〈主語＋動詞〉を含まない，2語以上の単語からできているカタマリのことです。句は名詞，形容詞，副詞の働きをします。

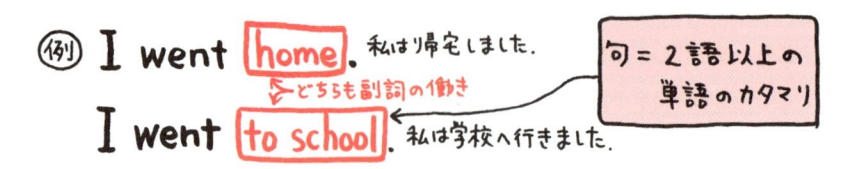

（例）I went home. 私は帰宅しました。
　　 I went to school. 私は学校へ行きました。
← どちらも副詞の働き
句 = 2語以上の単語のカタマリ

● 節：〈主語＋動詞〉を含む，2語以上の単語からできているカタマリのことです。節は名詞，形容詞，副詞の働きをします。

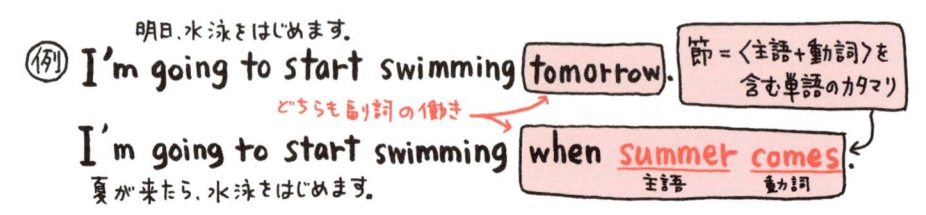

明日，水泳をはじめます。
（例）I'm going to start swimming tomorrow.
　　 I'm going to start swimming when summer comes.
夏が来たら，水泳をはじめます。
どちらも副詞の働き
節 = 〈主語＋動詞〉を含む単語のカタマリ
主語　動詞

動詞の種類

動詞は英文のパターンを決定する重要な働きをします。英語の骨格を理解する上で，欠かすことのできない品詞です。種類や意味をしっかり押さえておきましょう。

英語の動詞は，「be 動詞」と「一般動詞」の 2 種類に分けられます。am, is, are が be 動詞で，それ以外の動詞が一般動詞です。

be 動詞は，その前後にくる名詞を「イコール（＝）」でつなぎ，「A ＝ B」という状態を表します。

一般動詞は，主に「～する」という動作を表します。「自動詞」と「他動詞」に分けられます。

自動詞は「歩く」，「眠る」などの完結した動作を表す動詞で，直後に人やものなどを表す名詞（目的語）を必要としません。

他動詞は「…を～する」という意味を表します。動詞のあとに，動作の対象となる人やものなどを表す名詞（目的語）を置く必要があります。

主述の一致と3単現のs

　英語には主語の形に合わせて，動詞の形を変える「主述の一致」というルールがあります。このルールをマスターするためには，名詞の「数」と「人称」を押さえておく必要があります。
　名詞の数は「単数」と「複数」のちがいです。
　「人称」には，「1人称」「2人称」「3人称」の3つの種類があります。

　「1人称」は「私」(I)，「私たち」(we)など，話し手(自分)自身をさす語です。
　「2人称」は「あなた(たち)」(you)という話の相手をさす語です。
　「3人称」は話し手(自分)と相手以外をさす語です。he(彼)，she(彼女)，Jim(ジム)など人を表す語のほか，ものや動物などもすべて3人称です。

　特に主語が「3人称単数」で「現在形」の場合，一般動詞の語尾にs(3単現のs)をつけるというルールがあります。ここでは，3単現のsのつけ方のルールを確認しておきましょう。

基本のルール	語尾にsをつける。 例 come (来る) → comes, like (好き) → likes
s, o, x, ch, sh で終わる動詞	語尾にesをつける。 例 do (する) → does, catch (つかむ) → catches
〈a, i, u, e, o 以外の文字(子音字)＋y〉で終わる動詞	語尾のyをieにかえて，sをつける。 例 carry (運ぶ) → carries, try (努力する) → tries
特別な変化	例 have (もっている) → has

一般動詞の過去形・過去分詞

　英語では動詞の形を変えて，さまざまなことを表現します。「〜した」「〜だった」のように過去のことを言うときには，動詞を過去形に変えます。受け身や完了形で使われる「過去分詞」も過去形と同じルールにしたがって活用します。一般動詞の過去形，過去分詞の活用のルールをセットでマスターしましょう。

　過去形・過去分詞の変化のルールには「規則変化」と「不規則変化」の2種類があります。多くの場合は，語尾にedをつけるというルールにしたがった規則変化をします。このような動詞は規則動詞と呼ばれます。ただし，語尾の形によりedのつけ方に注意が必要なものがあります。その規則変化のルールを確認しておきましょう。

基本のルール	語尾にedをつける。 例 play（する）→ played, help（助ける）→ helped
eで終わる動詞	語尾にdだけをつける。 例 use（使う）→ used, live（住む）→ lived
〈a,i,u,e,o以外の文字＋y〉で終わる動詞	語尾のyをiにかえて，edをつける。 例 study（勉強する）→ studied, carry（運ぶ）→ carried
〈子音字＋アクセントのある母音字＋子音字〉で終わる動詞	語尾の子音字を重ねてedをつける。 例 stop（止まる）→ stopped, drop（落ちる）→ dropped

　このほかに，上のルールにはしたがわず，不規則に変化する動詞があります。このような動詞を不規則動詞といいます。

主な不規則動詞

	過去形	過去分詞		過去形	過去分詞
speak（話す）	spoke	spoken	write（書く）	wrote	written
see（見える）	saw	seen	know（知っている）	knew	known
give（与える）	gave	given	take（取る）	took	taken
do（する）	did	done	break（こわす）	broke	broken
eat（食べる）	ate	eaten	go（行く）	went	gone
come（来る）	came	come	become（〜になる）	became	become

一般動詞のing形

3単現のsや過去形・過去分詞と並んで，大切な動詞の変化にing形があります。be動詞と結びついた〈be動詞＋動詞のing形〉で「現在進行形」を表すなど，動詞のing形も文中でさまざまな役割を果たします。一般動詞のing形の活用ルールを確認しておきましょう。

基本のルール	語尾にingをつける 例 walk(歩く) → walking, go(行く) → going
eで終わる動詞	eをとってingをつける。 例 come(来る) → coming, use(使う) → using
〈子音字＋アクセントのある母音字＋子音字〉で終わる動詞	最後の子音字を重ねてingをつける。 例 run(走る) → running, swim(泳ぐ) → swimming
ieで終わる動詞	ieをyにかえて，ingをつける。 例 die(死ぬ) → dying, lie(嘘をつく) → lying

be動詞の変形

ここまで一般動詞の変形を見てきましたが，be動詞も主語の数，時制などに応じて，さまざまな形に変化します。ここでbe動詞の活用についてもまとめておきましょう。

	主語	原形	現在形	過去形	過去分詞	ing形
単数	I	be	am	was	been	being
	You		are	were		
	John		is	was		
	That house					
	He					
	She					
	This					
	That					
複数	John and Paul		are	were		
	We					
	They					

英文の基本パターン

英語の文には〈主語＋動詞〉のカタマリが入っています。動詞の種類により，そのあとに何が続くかがある程度決まっており，そのパターンは次の5つにまとめられます。

① SV（名詞＋自動詞）：動詞のあとに何もなくても文が成立する。多くの場合，動詞などに意味をプラスするものが続く。主な動詞は run（走る），smile（笑う）など。

She runs every morning.
　S　　V　　意味をプラスするもの
彼女は毎朝走る。

② SVC（名詞＋自動詞＋形容詞［名詞］）：動詞のあとに主語の様子や性質を表す形容詞や名詞が続く。主な動詞は be 動詞，become（〜になる）など。

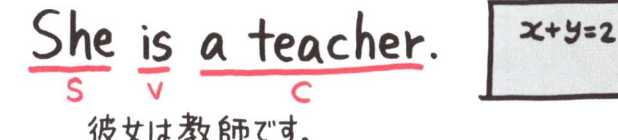

She is a teacher.
　S　V　　C
彼女は教師です。

③ SVO（名詞＋他動詞＋名詞）：動詞のあとに「何［誰］を」を表す名詞が続く。主な動詞は study（勉強する），have（持っている）など。

She loves her cat.
　S　　V　　O
彼女は自分のネコが大好きです。

④ SVOO（名詞＋他動詞＋人を表す名詞＋ものを表す名詞）：動詞のあとに「誰に」＋「何を」を表す名詞が続く。主な動詞は give（与える），buy（買う）など。

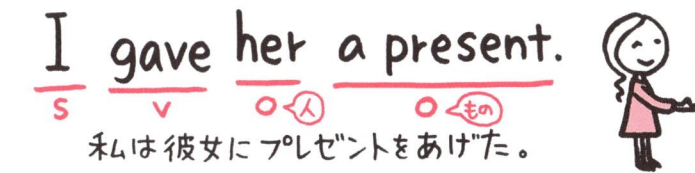

I gave her a present.
S　V　O〈人〉　O〈もの〉
私は彼女にプレゼントをあげた。

⑤ SVOC（名詞＋他動詞＋名詞＋形容詞［名詞］）：動詞のあとに「誰を」を表す名詞と「どのように」を表す形容詞や名詞が続く。主な動詞は call（呼ぶ），make（〜にする），think（考える）など。

We call our cat Tama.
　S　　V　　O　　C
私たちは私たちのネコをタマと呼びます。

01 準2級の重要名詞①

抽象的な名詞

準2級では単に物や人を表す語だけでなく、**抽象的な概念や物事の総称を表す語**が問われます。似たような語も多いので、しっかり意味の違いを確認して覚えましょう。

- excuse 言い訳
  apology 謝罪
  statement 声明
  lie 嘘

- research 研究
  project 計画, 企画
  article 記事
  author 筆者

- ability 能力
  quality 質
  grade 成績
  effort 努力

- tradition 伝統
  custom 慣習
  habit 癖, 習慣
  standard 基準
  community 共同体

- area 地域, 領域
  region 地方
  location 立地, 位置
  position 位置, 肩書き
  role 役割
  situation 状況
  condition 条件, 状態

- appointment 会う約束
  promise 約束
  schedule 予定
  invitation 招待

- resource 資源
  origin 起源
  energy エネルギー
  fuel 燃料
  source 源
  material 素材

- cause 原因
  reason 理由
  result 結果
  effect 効果, 結果
  influence 影響
  purpose 目的

また、**前後の文脈から語の意味を類推する**練習を日頃からしておくと、大問❶や❹で役立ちます。

- There was a shortage of staff in the hotel restaurant yesterday, so two of the receptionists worked as waiters for the day.（shortage の意味は？）
  ⇒本来 waiter ではなかった receptionists が働かねばならなかったことから、shortage「不足」と判断。

- Jeff is afraid of most insects, especially ants and bees.（insects の意味は？）
  ⇒ants と bees が特に嫌いと言っていることから insects「虫」と判断。

予想問題

答えは別冊1ページ

※右ページの筆記問題の英文は，CDには収録されていません。

■ 次の (1) から (6) までの (　) に入れるのに最も適切なものを **1**, **2**, **3**, **4** の中から一つ選びなさい。

(1) Did you read the (　　) about global warming in today's morning paper?

 1 article **2** permission **3** position **4** author

(2) Steve, you should hurry up, or you'll be late for your (　　) with the dentist.

 1 accident **2** promise **3** receptionist **4** appointment

(3) Lisa was not able to finish her project on time in spite of her (　　).

 1 nature **2** effort **3** habit **4** product

(4) Stop making (　　). Why don't you just say you're sorry?

 1 decisions **2** apologies **3** excuses **4** statements

(5) Someday solar power may take the place of oil or coal as the most popular (　　) of energy.

 1 origin **2** market **3** custom **4** source

(6) I'm so excited about our trip to the Middle East because I have never been to that (　　).

 1 region **2** location **3** expression **4** environment

注 (1) □ global warming：地球温暖化 　□ permission：許可 　(2) □ hurry up：急ぐ 　□ be late for ~：~に遅刻する 　□ dentist：歯科医 　□ receptionist：受付係 　(3) □ on time：時間どおりに 　□ in spite of ~：~にもかかわらず 　(4) □ Why don't you do ...?：…してはどうか 　(5) □ solar power：太陽光発電 　□ take the place of ~：~に取って代わる 　(6) □ expression：表現

02 準2級の重要名詞②

語法に注意すべき名詞・代名詞

名詞を使ったフレーズについては，かたまりで覚えておくと，空所補充だけでなく大問❸の並べ替えでも有利です。以下にいくつか典型的なものをあげます。

- ☐ in shape 体調, 調子が良い
- ☐ a number of ～ たくさんの～
- ☐ on sale 販売されて
- ☐ for sale 売り物の
- ☐ on the other hand その一方で
- ☐ on the way (from ～) to ... (～から)…へ向かう途中で
- ☐ at risk 危機に瀕して
- ☐ in danger 危機に瀕して
- ☐ the trouble [problem] with ～ ～の問題点
- ☐ according to ～ ～によると
- ☐ as a result 結果として
- ☐ in spite of ～ ～にもかかわらず
- ☐ at a loss 途方に暮れて
- ☐ none of your business 余計なお世話

次のような抽象名詞に関する法則も覚えておきましょう。

● 〈of＋抽象名詞〉＝形容詞
- ☐ of importance＝important
- ☐ of patience＝patient

● 〈with＋抽象名詞〉＝副詞
- ☐ with care＝carefully
- ☐ with ease＝easily

紛らわしい代名詞の用法についてもきちんと理解しておきましょう。

- ☐ one 一つ
- ☐ another 別の一つ
- ☐ the other 二つのうちのもう一つ
- ☐ the others 残り全部
- ☐ some いくつか
- ☐ others 別のいくつか
- ☐ Some ～. Others ... ～なものもあれば…なものもある [～な人もいれば…な人もいる]

- ☐ each other お互い
- ☐ one another お互い
- ☐ (all) by oneself 独りで (＝alone)

予想問題

答えは別冊1ページ

■ 次の (1) から (3) までの (　) に入れるのに最も適切なものを **1，2，3，4** の中から一つ選びなさい。

(1) Thanks to the new navigation system, Dan was able to drive to his destination in time in (　　) of the heavy traffic.

   1 addition   **2** case   **3** mind   **4** spite

(2) Laura seems in (　　) these days. She gets up early, eats well, and exercises regularly.

   1 shape   **2** charge   **3** distress   **4** question

(3) Steve is seldom upset and never blames anyone. He's a man of (　　).

   1 talent   **2** emotion   **3** patience   **4** importance

■ 次の英文がそれぞれ完成した文章になるように，その文意にそって (4), (5) の **1** から **5** を並べ替えなさい。そして2番目と4番目にくる最も適切なものを一つずつ選びなさい。

(4) I was surprised (　　).

   1 same mistake   **2** that   **3** a number of students
   4 made   **5** the

(5) The box looked heavy, but he (　　).

   1 lifted   **2** up   **3** ease
   4 with   **5** it

注 (1) □ navigation system：(自動車などの) ナビゲーションシステム　□ destination：目的地　□ heavy traffic：渋滞
(2) □ these days：このごろ　□ distress：苦悩　(3) □ seldom：めったに〜ない　□ upset：気が動転して
□ blame：〜を責める　(4) □ a number of 〜：たくさんの〜，いくらかの〜

03 準2級の重要動詞①

動詞

準2級では紛らわしい意味の動詞も増え，使い分けの力が試されます。
どの動詞がどのような目的語をとるのかをまとめて，動詞のイメージをつかみましょう。

●「許す」「認める」

- **accept** 　与えられたものを（時に渋々）受け入れる
  （目的語）　an invitation 招待 / an offer 申し出 / a credit card クレジットカード / failure 失敗

- **allow** 　何かに許可を与える
  （目的語）　someone to do something 誰か（人）が何かをすること /
  something to happen 何かが起こること

- **recognize** 　人やものの存在を認識する
  （目的語）　someone 誰か（人） / the existence of something 何かの存在

●「避ける」「否定する」

- **avoid** 　不快なことや事件・事故を回避する
  （目的語）　something unpleasant 不快なこと / trouble 面倒なこと

- **deny** 　何かを事実・正当ではないと否定する
  （目的語）　a fact 事実 / someone's right 誰か（人）の権利

- **reject** 　申し出をはっきりと拒絶する
  （目的語）　an offer 申し出

●「ふりをする」「飾る」

- **pretend** 　事実であるかのように振る舞う
  （目的語）　to be something 何かであること /
  that something is true 何かが本当であるということ

- **decorate** 　魅力的にするために飾り付ける
  （目的語）　something with colors and shapes 何かを色や型で飾る

- **display** 　作品や情報を見せる
  （目的語）　art 芸術作品 / information 情報

反意語や**類義語**はまとめて覚えておきましょう。

- **include** 〜を含む
  exclude 〜を除外する
- **damage** 〜を損なう
  repair 〜を修理する
- **lend** 〜を貸す
  borrow 〜を借りる
  rent 〜を（お金を払って）貸し借りする

- **praise** 〜をほめる
  punish 〜を罰する
- **hire [employ]** 〜を雇う
  fire [dismiss] 〜を解雇する
- **cure** 〜を治す
  recover 回復する

予想問題

答えは別冊1ページ

■ 次の (1) から (6) までの (　) に入れるのに最も適切なものを **1，2，3，4** の中から一つ選びなさい。

(1) I hadn't seen Eric in years, so at first we couldn't (　　) each other.

　1 accept　　**2** impress　　**3** recognize　　**4** view

(2) The party will start in an hour. I have to finish (　　) the room soon.

　1 decorating　**2** entertaining　**3** recycling　　**4** pretending

(3) My car broke down this morning, so I had to have a mechanic come over and (　　) it.

　1 rent　　**2** cure　　**3** share　　**4** repair

(4) Laura suffered from a bad cold for about a month, but last week she finally (　　).

　1 recovered　**2** rescued　　**3** missed　　**4** raised

(5) I made a big mistake at work. I wonder when exactly I will be (　　).

　1 reduced　　**2** fired　　**3** recommended　**4** employed

(6) The firefighters (　　) Kyoko for her bravery, as she had acted calmly and helped everyone escape.

　1 complained　**2** punished　**3** included　　**4** praised

注 (1) □ impress：〜を感動させる　□ view：〜を見る　(2) □ entertain：〜を楽しませる　□ recycle：〜をリサイクルする
(3) □ break down：故障する　□ mechanic：修理工　□ come over：立ち寄る　(4) □ suffer from 〜：〜に苦しむ
□ finally：ついに　□ rescue：〜を救う　□ miss：〜を逃す　(5) □ I wonder when ...：いつ…するだろうかと思う
□ employ：〜を雇う　(6) □ firefighter：消防士　□ bravery：勇敢さ　□ act：行動する　□ calmly：落ち着いて
□ help 〜 *do*：〜が…するのを手伝う　□ escape：逃げる

04 準2級の重要動詞②

群動詞

動詞が他の語句を伴って特別な意味を表すものを**群動詞**と言います。これらは take, come, get など基本動詞に多く見られるので，混乱しないように整理して覚えましょう。

● take
- ☐ take place （出来事や行事が）起こる，催される
- ☐ take part in ～ （活動など）に参加する
- ☐ take after ～ ～に似ている
- ☐ take off 離陸する

● come
- ☐ come across ～ ～に偶然出会う（=encounter）
- ☐ come up with ～ ～を思いつく（=think of ～）
- ☐ come true （夢などが）実現する

● get
- ☐ get along with ～ ～と上手くやっていく
- ☐ get lost 迷子になる
- ☐ get over ～ ～を克服する（=overcome）

● look
- ☐ look forward to ～ ～を楽しみに待つ
- ☐ look after ～ ～の世話をする，面倒を見る（=take care of ～）
- ☐ look up to ～ ～を尊敬する（⇔look down on ～）

● put
- ☐ put ～ off ～を延期する
- ☐ put up with ～ ～に耐える

次の群動詞も覚えておきましょう。

- ☐ feel like doing ～したい気がする
- ☐ see ～ off ～を見送る
- ☐ carry ～ out ～を実行する
- ☐ catch up with ～ ～に追いつく
- ☐ play a part [role] in ～ ～において役割を果たす
- ☐ pick ～ up ～を迎えに行く
- ☐ keep up with ～ ～に遅れずついて行く

予想問題

答えは別冊2ページ

■ 次の (1) から (3) までの (　) に入れるのに最も適切なものを **1, 2, 3, 4** の中から一つ選びなさい。

(1) We started together, but he walked so fast that I couldn't (　　) up with him.

    1 remain   **2** come   **3** keep   **4** pick

(2) AI, artificial intelligence, (　　) an important role in our society.

    1 acts   **2** plays   **3** carries   **4** produces

(3) I cannot go out today because I have to (　　) after my pets.

    1 look   **2** take   **3** get   **4** make

■ 次の英文がそれぞれ完成した文章になるように，その文意にそって (4), (5) の **1** から **5** を並べ替えなさい。そして2番目と4番目にくる最も適切なものを一つずつ選びなさい。

(4) We (　　) of the rain.

    1 off the   **2** had to   **3** put
    4 because   **5** game

(5) I'm on (　　) my cousin.

    1 up   **2** to   **3** my way
    4 to the airport   **5** pick

注 (2) □ artificial intelligence：人工知能，AI

05 準2級の重要形容詞・副詞

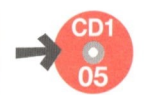

形容詞・副詞

形容詞は名詞を，副詞は動詞や形容詞や文全体の内容を修飾します。形容詞の後ろに -ly をつけると副詞になることが多いので，まずは形容詞の意味をたくさん覚えましょう。

- ☐ 形 neat きちんとした　☐ 副 neatly きちんと
- ☐ 形 diligent 勤勉な　☐ 副 diligently 勤勉に
- ☐ 形 separate 切り離された　☐ 副 separately 別々に
- ☐ 形 honest 正直な　☐ 副 honestly 正直に
- ☐ 形 simple 単純な　☐ 副 simply 単純に
- ☐ 形 serious 真剣な　☐ 副 seriously 真剣に
- ☐ 形 complete 完全な　☐ 副 completely 完全に

〈形容詞＋-ly〉の副詞は形容詞の意味をたくさん覚えればOK！

次の形容詞と副詞には注意が必要です。形容詞と副詞が同じ形で，-ly が付くと特殊な意味の副詞になります。

- ☐ 形 hard 固い　☐ 副 hard 熱心に　☐ 副 hardly ほとんど〜ない
- ☐ 形 late 遅い　☐ 副 late 遅れて　☐ 副 lately つい最近
- ☐ 形 high 高い　☐ 副 high 高く　☐ 副 highly とても

-ly が付いた副詞の意味に注意！

用法に注意すべき形容詞・副詞をまとめて覚えましょう。

意味だけではなく用法もしっかり覚えよう！

● 文の補語（A is B. における B）にしかならない形容詞
- ☐ asleep 眠っている　☐ alike 似ている　☐ alive 生きている

● 数量を示す形容詞
- ☐ many 多数の　☐ much 大量の　☐ few 数がほとんどない
- ☐ a few 少数ある　☐ little 量がほとんどない　☐ a little 量が少しある

● 使い分けの紛らわしい副詞
- ☐ already （肯定的に）すでに　☐ yet （疑問・否定で）すでに，いまだに
- ☐ still いまだに（〜している）

● 〈頻度〉を表す副詞
- ☐ never 決してない　☐ rarely めったにない　☐ sometimes 時々
- ☐ occasionally 時折　☐ frequently 頻繁に　☐ always いつも

予想問題

答えは別冊2ページ

■ 次の (1) から (3) までの (　) に入れるのに最も適切なものを **1，2，3，4** の中から一つ選びなさい。

(1) Because of the heavy fog, I could not see the view (　).

 1 separately　**2** hardly　**3** clearly　**4** blindly

(2) (　) speaking, I did not like the movie.

 1 Honestly　**2** Madly　**3** Hopefully　**4** Frequently

(3) As I had (　) money left, I had to walk all the way home.

 1 few　**2** a few　**3** little　**4** a little

■ 次の英文がそれぞれ完成した文章になるように，その文意にそって (4), (5) の **1** から **5** を並べ替えなさい。そして2番目と4番目にくる最も適切なものを一つずつ選びなさい。

(4) He is (　).

 1 to　**2** own　**3** five cars
 4 enough　**5** rich

(5) I (　) in French.

 1 understand　**2** could　**3** hardly
 4 written　**5** the book

注　(1) □ heavy fog：濃霧　□ blindly：盲目的に，やみくもに　(2) □ madly：狂ったように　□ hopefully：願わくば
　　(3) □ all the way home：家までずっと

もっと！準2級の重要名詞・動詞・形容詞・副詞

（このページはCDには対応していません。）

重要な名詞・動詞・形容詞・副詞を覚えましょう。

☐ 名詞

- ☐ activity　活動，事業，行事
- ☐ agency　代理店
- ☐ aquarium　水族館
- ☐ ceremony　式典
- ☐ countryside　田舎
- ☐ customer　客，顧客
- ☐ distance　距離
- ☐ experience　経験，体験
- ☐ expert　専門家，達人
- ☐ household　家庭
- ☐ industry　産業，工業
- ☐ instrument　道具，器具
- ☐ lecture　講義，講演，説教
- ☐ match　試合（= game）
- ☐ mile　マイル（1 mile は約 1.6 km）
- ☐ moment　瞬間
- ☐ neighbor　隣人
- ☐ notice　掲示，告知
- ☐ officer　将校，警官，公務員
- ☐ passenger　乗客
- ☐ performance　実行，公演，演技
- ☐ plant　植物
- ☐ president　社長，会長，大統領
- ☐ satellite　衛星，人工衛星
- ☐ scientist　科学者
- ☐ sign　サイン，信号，合図
- ☐ skill　技能
- ☐ surface　表面
- ☐ technology　科学技術，テクノロジー
- ☐ temperature　温度，気温
- ☐ trade　貿易，商売
- ☐ turn　順番，曲がること，展開
- ☐ university　大学
- ☐ variety　多様，多様性
- ☐ view　風景，考え方，見通し
- ☐ volunteer　ボランティアの人，自主的参加者

☐ 動詞

- ☐ appeal　訴える，懇願する
- ☐ bear　〜を我慢する，耐える，産む
- ☐ cancel　〜を取り消す，中止する
- ☐ celebrate　〜を祝福する
- ☐ collect　〜を集める
- ☐ cost　（お金）がかかる
- ☐ decrease　減少する
- ☐ depend　頼る，当てにする
- ☐ disappear　姿を消す
- ☐ earn　〜を稼ぐ
- ☐ encourage　〜を励ます
- ☐ escape　逃げる，逃れる
- ☐ explain　説明する
- ☐ express　〜を表現する，表明する
- ☐ face　〜に直面する，向き合う
- ☐ fail　〜に失敗する，落第する
- ☐ fix　〜を固定する，直す
- ☐ force　〜を強制する
- ☐ graduate　卒業する
- ☐ improve　（〜を）改善する
- ☐ introduce　〜を紹介する，導入する
- ☐ invite　〜を招く

- [ ] lead　～を導く，連れて行く，通じる
- [ ] manage　～を経営する，管理する
- [ ] miss　～をとり逃す，～がいなくて寂しい
- [ ] plant　～を植える
- [ ] prefer　～をより好む
- [ ] produce　～を生産する
- [ ] protect　～を保護する
- [ ] prove　～を証明する
- [ ] provide　～を供給する
- [ ] publish　～を出版する
- [ ] refuse　～を断る，拒絶する
- [ ] reserve　～を予約する
- [ ] respect　～を尊敬する，尊重する
- [ ] serve　～に仕える，～を提供する
- [ ] share　～を共有する
- [ ] spend　～を費やす
- [ ] succeed　成功する
- [ ] suggest　～を提案する，ほのめかす
- [ ] waste　～を浪費する
- [ ] worry　心配する

- [ ] 形容詞
- [ ] active　積極的な，活動的な
- [ ] ancient　古代の
- [ ] basic　基礎の，基本的な
- [ ] careful　注意深い
- [ ] common　共通の，ありふれた
- [ ] dangerous　危険な
- [ ] elementary　初歩の
- [ ] empty　空の
- [ ] expensive　高価な
- [ ] formal　正式の，形式的な
- [ ] healthy　健康な，健康に良い
- [ ] huge　非常に大きな
- [ ] ideal　理想的な
- [ ] likely　しそうである
- [ ] local　地元の，各駅停車の
- [ ] main　主な，主要な
- [ ] modern　近代の，近代的な
- [ ] necessary　必要な
- [ ] original　元々の，独創的な
- [ ] professional　専門的な，プロの
- [ ] public　公共の
- [ ] successful　成功した，合格した
- [ ] sure　確信している，確かな
- [ ] traditional　伝統的な

- [ ] 副詞
- [ ] abroad　外国に
- [ ] actually　実際には，実のところ，本当に
- [ ] certainly　確かに，もちろん
- [ ] especially　特に
- [ ] exactly　正確に，その通りです
- [ ] finally　最後に，最終的に
- [ ] fortunately　幸いにも
- [ ] however　しかしながら
- [ ] moreover　さらに，そのうえ
- [ ] mostly　主に，たいていの場合
- [ ] nearly　ほとんど，ほぼ
- [ ] neither　～もまたない
- [ ] nevertheless　それにもかかわらず
- [ ] nowadays　今日では
- [ ] particularly　特に
- [ ] perhaps　たぶん，ひょっとしたら
- [ ] probably　たぶん，おそらく
- [ ] rather　かなり，いくぶん，むしろ
- [ ] recently　最近，ここのところ
- [ ] unfortunately　あいにく，不運にも

予想テスト

次の (1) から (8) までの (　) に入れるのに最も適切なものを **1, 2, 3, 4** の中から一つ選びなさい。

(1) Josh was stuck in heavy traffic, so he came (　) to work.
　1 late　　**2** early　　**3** recently　　**4** soon

(2) David had (　) knowledge of Japanese customs when he first came to Tokyo.
　1 few　　**2** little　　**3** a few　　**4** many

(3) Tom is only ten years old, but surprisingly he solved the math problem with (　).
　1 ease　　**2** easy　　**3** easier　　**4** easily

(4) When thinking about the plot of his next novel, the writer (　) a novel idea.
　1 took after　　**2** looked up to　　**3** played a part in　　**4** came up with

(5) Although Bob thought that the job offer was attractive, he was too busy to (　) it.
　1 damage　　**2** reject　　**3** borrow　　**4** accept

(6) Some students prefer studying alone at home, while (　) enjoy working with friends in the library.
　1 other　　**2** others　　**3** another　　**4** the other

(7) Mr. Hill had to (　) various accusations against him before he succeeded in his business.
　1 put up with　　**2** look down on　　**3** see off　　**4** feel like

(8) Greg was hired as a (　) at the National Institute of Science. Now he does experiments in the lab every day.
　1 passenger　　**2** customer　　**3** researcher　　**4** conductor

注
(1) □ stuck：移動できなくて　(2) □ custom：習慣　(3) □ surprisingly：驚いたことに　(4) □ plot：(話の) 筋
□ novel：斬新な　(5) □ job offer：仕事の依頼 [申し出]　□ attractive：魅力的な　(7) □ various：さまざまな
□ accusation：批判の言葉　(8) □ Institute：協会，機関

■ 次の英文がそれぞれ完成した文章になるように，その文意にそって (9) から (13) までの **1** から **5** を並べ替えなさい。そして2番目と4番目にくる最も適切なものを一つずつ選びなさい。ただし，（　）の中では文頭にくる語も小文字で示してあります。

(9) Lucy finally reached the summit of the mountain (　　　) was injured.

    1 of   **2** her left leg   **3** spite
    4 the fact that   **5** in

(10) People gather once a month to clean their town. This activity also helps them (　　　).

    1 with   **2** others in   **3** build
    4 the community   **5** close relationships

(11) The village is famous for its summer festival. (　　　) back to the 16th century.

    1 traced   **2** be   **3** of the festival
    4 the origin   **5** can

(12) James is an expert in computer programming. However, when Nancy asked him for help, he (　　　) he doesn't like her.

    1 with it   **2** because   **3** to be
    4 unfamiliar   **5** pretended

(13) Jane was supposed to attend the meeting, but she couldn't because she felt sick and left the office early. The next day, (　　　) her absence.

    1 made   **2** for   **3** apology
    4 she   **5** an

注　(9) □ summit：頂上　　(11) □ trace：〜をさかのぼる　　(12) □ expert：達人，専門家
　　□ computer programming：コンピューター・プログラミング　　□ unfamiliar with 〜：〜に不慣れで
　　(13) □ be supposed to *do*：〜することになっている　　□ absence：欠席

06 準2級の重要前置詞・接続詞

前置詞・接続詞

前置詞はフレーズごとに，接続詞はそれぞれの使われ方を例文で覚えるようにします。ここでは意味に注意が必要な前置詞と接続詞をまとめて確認しましょう。

●前置詞

☐ in ではない「〜の中」

日本語だと「〜の中」になる場合でも，英語では前置詞が in にならないことがよくあります。日本語にとらわれず，フレーズで覚えましょう。

Keita is the tallest **of** the three. ケイタは3人の中で一番背が高いです。
My brother was **among** the injured. 弟も負傷者の中に入っていました。

☐ 「〜の上」ではない on

on は必ずしも「上」ではなく，あくまでも **平面への接触** を表します。

the posters **on** the wall 壁のポスター   stains **on** the ceiling 天井の染み

☐ by と until の区別

by と until は似て非なるものです。次の例で確認しましょう。

I'll be there **by** five. 5時までには着きます。
I'll be there **until** five. 5時まで（ずっと）そこにいます。

☐ during は前置詞，while は接続詞

「〜の間に」を表す during と while ですが，**品詞が違うため，使い方が異なります。**

I visited my grandparents [○ **during** / × **while**] the holidays. 休日の間に祖父母を訪ねました。

●接続詞

☐ 譲歩節を作る though, although「…だけども」

though, although に注意しましょう。例文では even が付いて強調されています。

Even though she tried very hard, she didn't win.
非常に努力したにもかかわらず，彼女は勝てませんでした。

☐ さまざまな意味の as

元来，漠然と「**同時性**」を表す as は，さまざまな意味になり得ます。意味は文脈から判断します。

As (=When / While) the plane approached its destination, we were asked to turn off our mobile phones. 飛行機が目的地に近付き，私たちは携帯電話を切るように言われました。

As (=Because) I was mad at him, I ignored him. 彼に怒っていたので無視しました。

☐ 決まり表現

both A and B「AとBの両方」   **either A or B**「AとBのいずれか」
neither A nor B「AもBも〜ではない」

予想問題

答えは別冊4ページ

■ 次の (1) から (6) までの (　) に入れるのに最も適切なものを **1, 2, 3, 4** の中から一つ選びなさい。

(1) You can go out and play with your friends, but make sure to come home (　) five.

    1 within   **2** till   **3** by   **4** to

(2) Let's put this sign (　) the door so that they'll know this is the right room.

    1 to   **2** on   **3** from   **4** in

(3) There are many people (　) the visitors who complain about the broken stairs.

    1 among   **2** within   **3** in   **4** by

(4) It rained so hard that neither the umbrella (　) the rain coat kept me from getting wet.

    1 and   **2** or   **3** with   **4** nor

(5) (　) it was my first visit to France, I wanted to see some of the most popular places.

    1 If   **2** As soon as   **3** Because of   **4** As

(6) The show, (　) it was a little long, was well worth seeing.

    1 because   **2** for   **3** though   **4** however

注 (1) □ make sure to *do*：きっと〜する　(2) □ sign：表示，サイン　(3) □ complain about 〜：〜について不平を言う　□ stair：階段　(4) □ keep 〜 from *doing*：〜が…するのを防ぐ　□ get wet：濡れる　(6) □ be well worth *doing*：〜する価値が十分にある

07 準2級の重要熟語

熟語

熟語の意味は個々の単語だけからは推測できないことがあるので注意しましょう。動詞中心の表現については「04 準2級の重要動詞②」で触れたので、ここではそれ以外の例を取りあげます。

● 前置詞・名詞が中心

- ☐ at a loss 途方にくれている
- ☐ at risk 危機に瀕している
- ☐ by chance 偶然
- ☐ by the way ところで
- ☐ for a while しばらくの間
- ☐ in spite of ～ ～にもかかわらず
- ☐ on the way to ～ ～へ行く途中で
- ☐ up to you あなたしだいで
- ☐ at least 少なくとも
- ☐ by all means 是非とも
- ☐ by far ずばぬけて
- ☐ by heart 暗記して
- ☐ in order to do ～するために
- ☐ on time 時間どおりに
- ☐ out of order 故障して
- ☐ with care 注意深く

● 形容詞・副詞・接続詞などが中心

- ☐ according to ～ ～によれば
- ☐ apart from ～ ～の他に
- ☐ here and there あちこちに
- ☐ no longer もはやそうではない
- ☐ over and over 何度も
- ☐ short of ～ ～が足りない
- ☐ so far これまでのところ
- ☐ tired of ～ ～にうんざりして
- ☐ absorbed in ～ ～に夢中で
- ☐ familiar with ～ ～に親しんで
- ☐ instead of ～ ～の代わりに
- ☐ once in a while 時折
- ☐ satisfied with ～ ～に満足して
- ☐ similar to ～ ～に似て
- ☐ sooner or later 遅かれ早かれ
- ☐ used to ～ ～に慣れて

● 動詞 + up with

- ☐ catch up with ～ ～に追いつく
- ☐ keep up with ～ ～についていく
- ☐ put up with ～ ～を我慢する
- ☐ come up with ～ ～を思いつく
- ☐ make up with ～ ～と仲直りする

● 動詞 + 副詞 out

- ☐ break out 発生する
- ☐ make ～ out ～を理解する
- ☐ watch out 気をつける
- ☐ carry ～ out ～を実行する
- ☐ put ～ out （火など）を消す

予想問題

答えは別冊4ページ

■ 次の (1) から (3) までの (　) に入れるのに最も適切なものを **1**, **2**, **3**, **4** の中から一つ選びなさい。

(1) Recently Japanese eels were declared to be at (　　) of extinction.

    1 last   **2** danger   **3** risk   **4** loss

(2) Leave him alone. He is eighteen. He is (　　) a child.

    1 no longer   **2** by all means
    3 sooner or later   **4** once upon a time

(3) Please handle the product with (　　). It's quite fragile.

    1 ease   **2** luck   **3** money   **4** care

■ 次の英文がそれぞれ完成した文章になるように，その文意にそって (4), (5) の **1** から **5** を並べ替えなさい。そして2番目と4番目にくる最も適切なものを一つずつ選びなさい。

(4) I ran into your father (　　).

    1 school   **2** way   **3** on
    4 my   **5** to

(5) I took a cab (　　) time.

    1 to   **2** arrive there   **3** order
    4 on   **5** in

注 (1) □ eel：うなぎ　□ extinction：絶滅　(2) □ leave ～ alone：～をひとりにしておく
(3) □ handle：～を扱う　□ fragile：壊れやすい　(4) □ run into ～：～にばったり会う　(5) □ cab：タクシー

08 準2級の重要会話表現

大問 ❷ 会話表現

大問❷では会話表現の知識も問われます。以下に知らないと意味を取りにくいものをあげました。使用状況をイメージして，声に出して練習して覚えましょう。

● 勧誘・提案

- ☐ How about a cup of coffee [going to the movies]? コーヒー [映画] でもどう？
- ☐ Why don't you [we] take a bus? バスを使ってはどうですか [一緒にバスに乗りませんか]。
- ☐ Would you like some cookies? クッキーはいかがですか。
- ☐ What do you say to ordering pizza for lunch? 昼食にピザを頼むのはどう？

● 道案内

- ☐ Go down this street for two blocks. この道をまっすぐ2ブロック進みなさい。
- ☐ Turn right [left] at the second traffic light. 2つ目の信号を右 [左] 折しなさい。
- ☐ You'll find it on your left [right]. 左 [右] 手に見えますよ。
- ☐ You cannot miss it. すぐにわかりますよ。

● 呼びかけ・応答

- ☐ How's it going? / How's everything? / How are you doing? 調子はどう？
- ☐ What's the matter? / What's wrong? どうしたの？
- ☐ Can I ask you a favor? / Will you do me a favor? お願いがあるのですが。
- ☐ My pleasure. / Don't mention it. / Not at all. どういたしまして。

● その他

- ☐ May I speak to ~? （電話で）~さんをお願いします。
- ☐ This is ~ speaking. （電話で）こちらは~です。
- ☐ It depends. 場合によります。
- ☐ That's a pity. / That's too bad. それはお気の毒に。

予想問題

答えは別冊4ページ

■ 次の会話文を完成させるために，(1) から (3) に入るものとして最も適切なものを **1**，**2**，**3**，**4** の中から一つ選びなさい。

(1) *A*: Carol, what's wrong?

 B: (**1**) This is not the right way to the stadium.

 A: Well, we have plenty of time, so don't worry.

  1   I left my wallet at home.
  2   We are going to arrive too early.
  3   We turned at the wrong corner.
  4   We have to buy our tickets.

(2) *A*: David, will you do me a favor?

 B: Sure. What is it?

 A: (**2**). I'm expecting a call and cannot leave now.

  1   Can you go to the post office for me?
  2   That's so kind of him.
  3   I am going to the train station.
  4   You should cook dinner tonight.

(3) *A*: Hello. Ms. Mackey's office.

 B: Hello. May I speak to Ms. Mackey, please?

 A: (**3**).

 B: This is Greg from Open Air International.

 A: Thank you. Please hold.

  1   Please leave a message.
  2   What is wrong with Ms. Mackey?
  3   Can you come back in 10 minutes?
  4   May I ask who's calling?

注 (1) □ way：道   □ wallet：財布   □ corner：曲がり角   (2) □ I'm expecting 〜：〜を待っている
  (3) □ hold (the line)：電話を切らずに待つ

もっと！ 準2級の重要熟語

（このページはCDには対応していません。）

重要な熟語を覚えましょう。

☐ 熟語

- ☐ above all　　　　とりわけ
- ☐ after all　　　　結局，つまり
- ☐ all at once　　　いっせいに
- ☐ all day (long)　　一日中
- ☐ all of a sudden　唐突に
- ☐ as well　　　　　もまた
- ☐ be about to do
　　　　　　まさに〜するところである
- ☐ be absorbed in 〜
　　　　　　〜に没頭している
- ☐ be aware of 〜　〜に気づいている
- ☐ be based on 〜　〜に基づいている
- ☐ be busy doing　〜をしていて忙しい
- ☐ be in time for 〜　〜に間に合う
- ☐ be late for 〜　〜に遅れる
- ☐ be on strike　　ストライキ中である
- ☐ be responsible for 〜
　　　　　　〜に責任がある
- ☐ be supposed to do
　　　　　　〜することになっている
- ☐ be used to 〜　〜に慣れている
- ☐ before long　　まもなく
- ☐ break down　　故障する
- ☐ by accident　　偶然
- ☐ by mistake　　間違えて
- ☐ call for 〜　　〜を中止する
- ☐ call on 〜　　〜を訪問する
- ☐ can't help doing
　　　　　　〜せざるをえない，せずにいられない
- ☐ compare A with B
　　　　　　AとBを比較する
- ☐ consist of 〜　〜で構成される
- ☐ deal with 〜　〜を扱う，対応する
- ☐ don't hesitate to do
　　　　　　ためらわずに〜する
- ☐ eat out　　　　外食する
- ☐ entrance examination　入学試験
- ☐ far from 〜
　　　　　　〜から遠い，〜にはほど遠い
- ☐ figure out 〜　〜を理解する
- ☐ fill (up) A with B
　　　　　　AをBで満たす
- ☐ first of all　　第一に
- ☐ for free　　　　無料で
- ☐ for instance　　例えば
- ☐ from now on　　これからは
- ☐ full of 〜　　　〜でいっぱいの
- ☐ get along with 〜
　　　　　　〜と仲良くする，うまくやっていく
- ☐ get in touch with 〜　〜と連絡をとる
- ☐ get off　　　（バスなどから）降りる
　　　　　　（get on「乗車する」）
- ☐ get rid of 〜　〜を取り除く
- ☐ get together　　集う

- ☐ give ~ a ride　　～を車で送る
- ☐ grow up to be ~　成長して～となる
- ☐ hand in ~　　　～を提出する
- ☐ hang up　　　　電話を切る
- ☐ happen to *do*　たまたま～する
- ☐ have access to ~
　　　　～が手に入る，自由に出入りできる
- ☐ have something to do with ~
　　　　　　　　　～と関係がある
- ☐ have trouble *do*ing
　　　　　　　　　～するのに苦労する
- ☐ hear from ~　　～から便りがある
- ☐ help *one*self to ~
　　　　　　　　～を自由にとって食べる
- ☐ if any　　　　　もしあれば
- ☐ in advance　　　前もって
- ☐ in fact　　　　　実のところ
- ☐ in person　　　　直接自ら
- ☐ in the middle of ~　　～の最中
- ☐ instead of ~　　～の代わりに
- ☐ It depends on ~ whether ... or not.
　　　　　　　…かどうかは～しだいだ。
- ☐ It depends.　　時と場合による。
- ☐ It is said [thought] that ...
　　　　　～と言われて［思われて］いる
- ☐ keep *one*'s word　　約束を守る
- ☐ let go of ~　　　～を手放す
- ☐ let ~ *do*　　　　～に…させてやる
- ☐ lose *one*'s way　道に迷う
- ☐ make an effort to *do*
　　　　　　　　　～しようと努力する
- ☐ make sense　　　意味を成す
- ☐ make sure (that) ...
　　　　　　　　　必ず…するようにする
- ☐ make the most of ~
　　　　　　　　　～を最大限生かす
- ☐ make up *one*'s mind　決心する
- ☐ name A after B
　　　　　　　B にちなんで A を名付ける
- ☐ now and then　　ときどき
- ☐ on average　　　平均して
- ☐ on purpose　　　わざと
- ☐ pay attention to ~　～に注目する
- ☐ plenty of ~　　　たくさんの～
- ☐ power plant　　　発電所
- ☐ regard A as B　　A を B とみなす
- ☐ rely on ~　　　　～に頼る
- ☐ run across ~　　　～に偶然出会う
- ☐ show up　　　　　姿を現す
- ☐ stand for ~　　～を意味する，表す
- ☐ stand out　　　　目立つ，際立つ
- ☐ A such as B　たとえば B のような A
- ☐ suffer from ~　　～で苦しむ
- ☐ take ~ into account
　　　　　　　　　～を考慮に入れる
- ☐ take A for B　　A を B だと思う
- ☐ throw away ~　～を（投げ）捨てる
- ☐ try on ~　　　　～を試着する
- ☐ turn out to be ~
　　　　　　　　結果的に～と判明する
- ☐ upside down
　　　　　　　　上下さかさま，あべこべ
- ☐ weather forecast　天気予報
- ☐ when it comes to ~
　　　　　　　　　～のこととなると

予想テスト

答えは別冊5ページ
出題範囲 06〜08

■ 次の (1) から (10) までの (　　) に入れるのに最も適切なものを 1, 2, 3, 4 の中から一つ選びなさい。

(1) *A:* Who took the pictures (　　) the wall? They are really beautiful.
B: My brother did. He works as a photographer.

　　1 on　　**2** in　　**3** from　　**4** about

(2) Billy has to finish his report (　　) tomorrow, but he hasn't decided what to write about yet.

　　1 until　　**2** by　　**3** of　　**4** in

(3) Mr. Allen gave an impressive speech. He received a lot of questions from the audience (　　) the Q&A session.

　　1 during　　**2** while　　**3** despite　　**4** as

(4) Ken and Yoko are talking about where to go on vacation. They want to visit (　　) New York or London.

　　1 since　　**2** nor　　**3** both　　**4** either

(5) He found an old record that he had been looking for (　　). However, it was too expensive for him to buy.

　　1 at risk　　**2** over and over　　**3** by chance　　**4** with care

(6) Peter witnessed a traffic accident (　　) school. He called the police and an ambulance immediately.

　　1 in spite of　　**2** up to　　**3** on the way to　　**4** by far

(7) John and his staff decided to have a meeting next week (　　) discuss the details of the contract.

　　1 for a while　　**2** according to　　**3** apart from　　**4** in order to

注
(3) □ impressive：印象的な　□ Q&A session：質疑応答の時間　(4) □ on vacation：休暇で
(6) □ witness：〜を目撃する　□ ambulance：救急車　□ immediately：即座に
(7) □ staff：スタッフ，社員　□ detail：詳細

(8) Because of the strong wind, it took three hours for the firefighters to (　　) the fire.

　　1　put out　　2　break out　　3　watch out　　4　make out

(9) The copier in his department was (　　), so Kevin had to go to the nearest convenience store.

　　1　on time　　2　out of order　　3　by all means　　4　here and there

(10) When Brian is not feeling well, he searches for advice on the Internet (　　) seeing a doctor.

　　1　for the purpose of　　2　regardless of
　　3　in case of　　4　instead of

■ 次の会話文を完成させるために，(11)，(12) に入るものとして最も適切なものを 1，2，3，4 の中から一つ選びなさい。

(11)　A: Be quiet. I have a terrible headache.
　　　B: (　11　) and go to bed?
　　　A: I will after I wash the dishes.

　　1　Why don't you take medicine
　　2　What's the matter with you
　　3　How long do you usually sleep
　　4　What do you do for your health

(12)　A: Excuse me. Do you know a Chinese restaurant named Red Dragons?
　　　B: Yes. (　12　), and you will find it on your left.
　　　A: Thank you. Do you think they are open now?
　　　B: It's five, so they should be.

　　1　Stop at the second corner
　　2　Wait for the next bus to arrive
　　3　Turn left at that traffic light
　　4　Walk for another fifteen minutes

注　(9) □ copier：コピー機　　□ department：部署　　(10) □ not feeling well：体調が悪くて　　□ search for ～：～を検索する
　　□ for the purpose of ～：～のために　　□ regardless of ～：～にかかわらず　　□ in case of ～：～に備えて

09 自動詞と他動詞

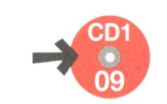

自動詞と他動詞

rise（上がる）と raise（〜を上げる）, lie（横たわる）と lay（〜を横たえる）のように, 自動詞と他動詞がよく似ている場合に混同しないように注意しましょう。

- ☐ 自 **rise**　他 **raise**　※活用にも注意。rise - rose - risen / raise - raised - raised
  The sun <u>rises</u> [✕ raises] in the east and sets in the west.
  太陽は東から昇って西に沈みます。
  The government has decided to <u>raise</u> [✕ rise] the consumption tax.
  政府は消費税を上げることを決定しました。

- ☐ 自 **lie**　他 **lay**　※活用にも注意。lie - lay - lain - lying / lay - laid - laid - laying
  He was <u>lying</u> [✕ laying] on the bed.
  彼はベッドに横たわっていました。
  He <u>laid</u> [✕ lay] his tired body on the bed.
  彼は疲れた体をベッドに横えました。

意味からは推測の難しい, 意外な他動詞に気をつけましょう。

- ☐ **discuss** 〜について討論する
  We <u>discussed</u> (✕ about) the matter in the meeting.
  我々はその件を会議で話し合いました。
- ☐ **enter** 〜に入る
  I <u>entered</u> (✕ to, into) high school in April, 2012.
  私は2012月の4月に高校に入学しました。
- ☐ **attend** 〜に出席する　☐ **marry** 〜と結婚する　☐ **approach** 〜に近付く
- ☐ **visit** 〜を訪れる　☐ **contact** 〜に接触する　☐ **resemble** 〜に似ている

一つの動詞に自動詞・他動詞両方の用法がある場合もあります。

- ☐ **sell** 売れる, 〜を売る
- ☐ **increase** 増える, 〜を増やす
- ☐ **hurt** 痛む, 〜を傷つける
- ☐ **develop** 発展する, 〜を発展させる
- ☐ **open** 開く, 〜を開ける
- ☐ **change** 変わる, 〜を変える

予想問題

答えは別冊6ページ

■ 次の (1) から (3) までの (　) に入れるのに最も適切なものを **1, 2, 3, 4** の中から一つ選びなさい。

(1) We are planning to (　) to Kyoto next month.

　1 visit　　**2** see　　**3** bring　　**4** go

(2) Why don't we (　) your proposal in our next meeting?

　1 discuss　　**2** talk　　**3** tell　　**4** attend

(3) I found the toys (　) on the floor.

　1 laying　　**2** lay　　**3** lying　　**4** lain

■ 次の英文がそれぞれ完成した文章になるように、その文意にそって (4), (5) の **1** から **5** を並べ替えなさい。そして2番目と4番目にくる最も適切なものを一つずつ選びなさい。

(4) I'm going to (　).

　1 me　　**2** Lisa　　**3** marry
　4 to　　**5** ask

(5) He (　) where my brother is.

　1 find out　　**2** contacted　　**3** in order
　4 to　　**5** me

注　(1) □ be planning to *do*：〜する予定である　(2) □ proposal：提案

10 注意すべき時制

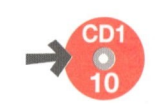

完了形／時制の一致

準2級では動詞の正しい活用を選択する問題が毎回のように出題されます。特に**完了形**（完了進行形，過去完了形を含む）の正しい使い方はマスターしておきましょう。

● **現在完了は現時点に焦点。過去のある時を示す表現とは一緒に使わない。**

I [× have finished / ○ finished] my homework five minutes ago.
私は5分前に宿題を終わらせました。

● **過去のある時点までに起こったことには，過去完了を使う。**

She [× has been / ○ had been] studying for an hour when her mother called.
母親が電話したとき，彼女は1時間勉強していました。

● **just now（ついさっき）は過去時制で用いる。**

The letter [× has arrived / ○ arrived] just now.
手紙がついさっき届きました。

● **時制ごとのニュアンスの違いをつかみましょう。**

（現在完了）	I have painted the wall.	（現時点までに）私はもう壁を塗りました。
（過去）	I painted the wall.	（過去に）私は壁を塗った。
（現在完了進行形）	I have been painting the wall.	（今までずっと）私は壁を塗り続けています。
（過去完了）	I had painted the wall.	（過去に）私は壁を塗ってしまっていました。

時制の一致（主節の動詞の時制に従属節が従う）にも気をつけましょう。

主節	従属節	
□ I think	that she will win the game.	彼女が試合に勝つと思います。
⇒ I thought	that she would win the game.	彼女が試合に勝つと思いました。
□ I believe	that Ken won the game.	ケンが試合に勝ったと思います。
⇒ I believed	that Ken had won the game.	ケンが試合に勝ったと思っていました。

（注意すべき例外）

① 従属節の内容が科学的事実（The earth rotates around the sun. 地球は太陽の周りを回る）や時間に左右されない事柄（Japan is an island nation. 日本は島国）など「今も昔も変わらないこと」の場合は常に現在形を使い，「**歴史上の事実**」の場合は常に過去形を使います。

② if, when などを用いた「**状況・条件を示す副詞節**」では未来のことも現在形で表します。

予想問題

答えは別冊6ページ

■ 次の (1) から (3) までの ( ) に入れるのに最も適切なものを **1, 2, 3, 4** の中から一つ選びなさい。

(1) John (　　) in New York for ten years when he decided to return to England.

 1 was living **2** has lived **3** lived **4** had lived

(2) Why are you here? Didn't you say that you (　　) home?

 1 are going **2** have gone **3** were going **4** will go

(3) I'll start working on my report as soon as I (　　) from my trip.

 1 return **2** returned **3** will return **4** am returned

■ 次の英文がそれぞれ完成した文章になるように，その文意にそって (4), (5) の **1** から **5** を並べ替えなさい。そして2番目と4番目にくる最も適切なものを一つずつ選びなさい。

(4) We (　　) call since noon.

 1 for **2** been **3** waiting
 4 have **5** her

(5) My science teacher (　　), not flat.

 1 the earth **2** is **3** taught
 4 round **5** me that

注　(3) □ work on 〜：〜に取り組む　(5) □ flat：平らな　□ round：丸い

11 注意すべき受け身

受け身

受け身（受動態）には，完了形で用いられる場合や，使役動詞や第5文型（SVOC）動詞の受け身など，注意すべき点がいくつかあります。また，日本語では能動態の訳なのに，英語では受け身になるものにも注意が必要です。

● 完了形や助動詞が入ったときの受け身

This fish can be eaten raw. この魚は生で食べられます。
※ fish（魚）は「食べられる」側なので受け身になる。

English has been taught here since 1990.
ここでは英語が1990年以来教えられています。
※ English は「教えられる」ものなので受け身になる。

● 構文に注意するべき受け身

The new planet was named Pluto. その新惑星は冥王星と名付けられました。
※ name O C「O を C と名付ける」を受け身にした形。

John was made to resign. ジョンは辞任させられました。
※ made John resign で「ジョンを辞任させる」だが，受け身では to 不定詞を用いる。

● 日本語との違いに注意

No one was injured in the accident. その事故でけがをした人はいませんでした。
※ 日本語は「けがをする」だが，英語では be injured と受け身になる。injure は「～にけがをさせる」という意味の他動詞。

受け身の文では一般に「行為者」を表すときに前置詞 by を使いますが，**by ～ が続かない場合**もありますので注意しましょう。

● by が続かない受け身

My grandfather was killed in the war. 祖父は戦争で亡くなりました。

I was impressed with her generosity. 私は彼女の寛大さに感銘を受けました。

Osaka is known to many Japanese for its unique culture.
大阪は多くの日本人にその独特な文化によって知られています。

048

予想問題

答えは別冊6ページ

■ 次の (1) から (3) までの (　) に入れるのに最も適切なものを **1, 2, 3, 4** の中から一つ選びなさい。

(1) Throughout its history, soccer (　　) "a gentlemen's sport."

　1 is calling　　　　　　　**2** has called
　3 has been called　　　　**4** has been calling

(2) The dog has been seen (　　) meat on numerous occasions.

　1 stole　　**2** steal　　**3** to steal　　**4** to be stolen

(3) Yesterday's game was excellent. I was really (　　) when my team finally won.

　1 exciting　　**2** disappointing　　**3** excited　　**4** disappointed

■ 次の英文がそれぞれ完成した文章になるように，その文意にそって (4), (5) の **1** から **5** を並べ替えなさい。そして2番目と4番目にくる最も適切なものを一つずつ選びなさい。

(4) A medal (　　) the police department.

　1 by　　　　**2** to　　　　**3** given
　4 him　　　**5** was

(5) I was (　　).

　1 the teacher　　**2** made by　　**3** the comment
　4 at　　　　　　**5** surprised

注
(1) □ throughout：(時間的に) 〜を通じて　(2) □ numerous：数々の　□ occasion：時，場合
(3) □ disappoint：〜をがっかりさせる　(4) □ police department：警察（署）　(5) □ comment：コメント

12 助動詞①

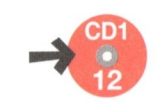

助動詞の基本

各助動詞の基本的な意味を確認し、それから派生的な意味を押さえましょう。

- **can：能力（〜できる），可能性（〜でありうる）** 
  Peter **can** read kanji. ピーターは漢字を読むことができます。
  She **cannot** be Laura's mother. 彼女がローラの母親であるはずがありません。

- **may：許可（〜してもよい），可能性（〜かもしれない）** 
  You **may** take a break. あなたは休憩してもよろしい。
  The store **may** be closed. お店は閉まっているかもしれません。

- **must：義務（〜せねばならない），断定（〜に違いない）** 
  We **must** win. 勝たなければなりません。
  Kevin **must** be angry. ケビンは怒っているに違いありません。

- **will：意志（〜するつもりだ），未来（〜だろう）** 
  I **will** not change my mind. 考えを変えるつもりはありません。
  The future **will** be good. 未来は明るいでしょう。
  ※Will you 〜? という疑問文は多くの場合「〜してくれませんか」という〈依頼〉の意味になります。

- **should：義務（〜するべきだ），推定（〜のはずだ）** 
  You **should** be more patient. もっと我慢強くなるべきです。
  There **should** be a train for Akita. 秋田行きの電車があるはずです。
  ※should は元々 shall の過去形ですが、今では独立した助動詞として使われます。
  ※shall は Shall I 〜?（〜しましょうか），Shall we 〜?（一緒に〜しませんか）のような決まった言い方で使用します。

might, **could**, **would** はそれぞれ may, can, will の過去形と説明されることがありますが，**必ずしも過去のことを表すわけではありません。**

- **弱め／丁寧表現**
  It **might** rain tomorrow. もしかしたら明日は雨かもしれません。
  Could [**Would**] you help me? 手伝っていただけますでしょうか。

過去の習慣を表すのに **would** が用いられることがあります。

- **過去の習慣の would**
  Dad **would** often take me to the park. 父がよく公園に連れて行ってくれたものです。

予想問題

答えは別冊7ページ

■ 次の (1) から (3) までの (　) に入れるのに最も適切なものを **1**, **2**, **3**, **4** の中から一つ選びなさい。

(1) Two different people (　) have exactly the same fingerprints.

1 may　　　**2** should　　　**3** would　　　**4** cannot

(2) Chris, you dropped the plate again. You (　) be more careful.

1 shall　　　**2** should　　　**3** may　　　**4** mustn't

(3) Long ago, my brother and I (　) often fight over TV channels.

1 may　　　**2** can　　　**3** would　　　**4** should

■ 次の英文がそれぞれ完成した文章になるように，その文意にそって (4), (5) の **1** から **5** を並べ替えなさい。そして2番目と4番目にくる最も適切なものを一つずつ選びなさい。ただし，(　) の中では文頭にくる語も小文字で示してあります。

(4) Since you and Mary have the same family name, (　).

1 related　　　**2** may　　　**3** you
4 be　　　　　**5** two

(5) (　) to drink? I'm so thirsty.

1 me　　　　　**2** you　　　**3** something
4 could　　　**5** give

注
(1) □ exactly：まさに，正確に　□ fingerprint：指紋　(2) □ careful：注意深い　(3) □ long ago：ずっと昔
□ fight over ~：~をめぐってけんかをする　(4) □ family name：姓，名字

051

13 助動詞②

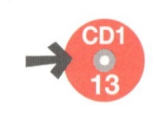

助動詞＋完了形

助動詞の後ろが完了形になることがあります。これは**過去の事柄に対する気持ち**を表現するために使われます。

- **may have done** 〜したかもしれない
  I may have seen this picture before.
  この絵を以前に見たかもしれません。

- **must have done** 〜したに違いない
  They must have won the game. They look so happy.
  彼らは試合に勝ったに違いありません。とてもうれしそうです。

- **cannot have done** 〜したはずはない
  He cannot have made this by himself.
  彼が自力でこれを作ったはずはありません。

should (= ought to), shouldn't (= ought not to) や needn't (= don't have to) の後に完了形を続けて，**過去の行為に対する〈非難〉や〈後悔〉**を表すことができます。

- **should have done** 〜すべきだったのに（しなかった）
  You should have come here on time.
  時間通りにここに来るべきだったのに。

- **shouldn't have done** 〜すべきではなかったのに（した）
  You shouldn't have made such a mistake.
  そんな間違いをするべきではなかったのに。

- **needn't have done** 〜する必要はなかったのに（した）
  You needn't have answered all the questions.
  すべての質問に答える必要はなかったのに。

予想問題

答えは別冊7ページ

■ 次の (1) から (3) までの (　) に入れるのに最も適切なものを **1, 2, 3, 4** の中から一つ選びなさい。

(1) Hmm, she seems familiar to me. I (　) her before.

　　1 would meet　　　　　　**2** should meet
　　3 cannot have met　　　**4** may have met

(2) Daniel, I kept waiting for you. You (　) me if you were not coming.

　　1 may have called　　　**2** should have called
　　3 ought to call　　　　**4** cannot call

(3) The players look exhausted. It (　) a tough game.

　　1 would be　　　　　　**2** cannot be
　　3 must have been　　　**4** needn't have been

■ 次の英文がそれぞれ完成した文章になるように，その文意にそって (4), (5) の **1** から **5** を並べ替えなさい。そして2番目と4番目にくる最も適切なものを一つずつ選びなさい。

(4) You (　) such a terrible thing.

　　1 ought　　**2** said　　**3** not
　　4 have　　**5** to

(5) Sasha (　) this cat. She's allergic to cats.

　　1 cannot　　**2** of　　**3** have
　　4 the owner　　**5** been

注
(1) □ familiar to 〜：〜になじみがあって　(3) □ exhausted：疲れ切って　(4) □ terrible：ひどい
(5) □ allergic to 〜：〜にアレルギーのある

14 助動詞③

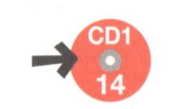

慣用表現

had better のように2語以上で決まった意味を表す助動詞句や，慣用的に決まった意味を表す表現についても，代表的なものを押さえておきましょう。

- ☐ **had better** 〜したほうがよい（そうしないと悪いことが起こる可能性がある）
  If you have a toothache, you had better go and see the dentist.
  歯が痛むのなら歯医者に行ったほうがいいです。

- ☐ **would rather** むしろ〜したい
  The weather is not good. I would rather stay home than go out.
  天気がよくありません。外出するよりもむしろ家にいたいです。

- ☐ **would like 〜 [to do]** 〜が欲しい [したい]（wantよりも丁寧）
  I'd like some juice, please. ジュースをいただきたいです。
  Would you like to wait in my office? オフィス内でお待ちになられますか。

- ☐ **used to** かつては〜した（今はそうではない）
  She used to be a professional athlete.
  彼女はかつてプロのスポーツ選手でした。

- ☐ **may well** 〜するのももっともだ，おそらく〜するだろう
  He is such a hard worker. He may well be chosen captain.
  彼はとても働き者です。彼が主将に選ばれるのももっともです。

- ☐ **may [might] as well** 〜するほうがよいかもしれない（しても同じことです）
  There's nothing on TV. We might as well go to bed.
  何もテレビでやっていないし，寝た方がよいかもしれません。

次のcanの慣用表現も覚えておきましょう。

- ☐ **cannot 〜 too ...** いくら…しても〜しすぎるということはない
  You cannot have too much money.
  いくらお金が多くても多すぎるということはありません。（←多すぎるお金を持つということはありえません）

- ☐ **cannot help doing** 〜せずにはいられない（= cannot but do）
  His jokes were too funny. We couldn't help laughing.
  彼の冗談が面白すぎました。私たちは笑わずにはいられませんでした。

予想問題

答えは別冊7ページ

■ 次の (1) から (3) までの (　) に入れるのに最も適切なものを **1，2，3，4** の中から一つ選びなさい。

(1) The milk is two months old. You (　　) drink it.

　　1 had better not　**2** needn't　**3** should　**4** used to

(2) What you did to her was terrible. She (　　) be angry at you.

　　1 cannot　**2** may well　**3** would like to　**4** shouldn't

(3) I (　　) rather save this money for the future than spend it now.

　　1 may　**2** will　**3** could　**4** would

■ 次の英文がそれぞれ完成した文章になるように，その文意にそって (4), (5) の **1** から **5** を並べ替えなさい。そして2番目と4番目にくる最も適切なものを一つずつ選びなさい。ただし，(　) の中では文頭にくる語も小文字で示してあります。

(4) I (　　) delicious cookies.

　　1 her　　　　**2** not　　　　**3** eating
　　4 help　　　 **5** could

(5) It'll take just as long if we walk. (　　) for the next bus.

　　1 as　　　　**2** might　　　　**3** wait
　　4 we　　　　**5** well

注　(3) □ save money：お金をためる

15 仮定法①

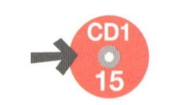

仮定法の基本

準2級では新たに「**仮定法**」が登場します。これは，動詞の時制を過去にずらすことで**非現実的な事柄**について話すというものです。始めは戸惑うかもしれませんが，以下の原則を押さえれば大丈夫です。

---

① 「現在のこと」は「過去形」

If I **were [was]** you, I **would not** buy it.
もし私があなただったらそれを買わないでしょう。

※ 実際は「私＝あなた」ということはあり得ないので，If I am you ではなく If I were you に，I will not ではなく I would not に，それぞれ過去形を使っています。

※ am の過去形は was ですが，仮定法の場合は主語に関係なく be 動詞は were がよく用いられます。was はくだけた言い方になります。

② 「過去のこと」は「過去完了」

If I **had been** you, I **would not have bought** it.
もし私があなただったら，それを買わなかったでしょう。

※ 「それを買わなかった」という過去の事柄について述べるには，if 節の中で過去完了を用います。主節は〈過去形助動詞＋完了形〉になります。

---

if 節を伴わずに仮定法になることもあります。以下が代表的な例です。

□ **as if ...** まるで…のように

He talks <u>as if</u> he <u>knew</u> everything.
彼はまるで何でも知っているかのように話します。

※ 実際に何でも知っているわけはないため，as if の後の動詞 know が過去形になります。

□ **I wish ... / If only...** …であればなあ

<u>I wish</u> I <u>could</u> fly like a bird. 鳥のように飛べればなあ。

※ 実際に空を飛べるということはありえないため，can ではなく could と過去形にします。

予想問題

答えは別冊8ページ

■ 次の (1) から (3) までの（　）に入れるのに最も適切なものを **1**, **2**, **3**, **4** の中から一つ選びなさい。

(1) If I knew the answer, I (　　) tell it to you.

　1 can　　　**2** will　　　**3** would　　　**4** am going to

(2) If he (　　) that I was coming, he would not have gone out.

　1 knows　　**2** knew　　**3** has known　　**4** had known

(3) This bag is so nice. I wish I (　　) the money to buy it.

　1 have　　**2** had　　**3** will have　　**4** would have

■ 次の英文がそれぞれ完成した文章になるように，その文意にそって (4), (5) の **1** から **5** を並べ替えなさい。そして2番目と4番目にくる最も適切なものを一つずつ選びなさい。

(4) Greg is behaving (　　).

　1 were　　　　　**2** a 5-year-old kid　　**3** if
　4 as　　　　　　**6** he

(5) I (　　) you.

　1 if I　　　　　**2** her　　　　　**3** were
　4 help　　　　　**5** would not

16 仮定法②

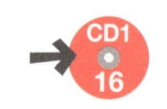

仮定法の重要構文

仮定法が用いられる構文をまとめて覚えておきましょう。

□ **if it were not for ～** （実際にはあるが）～がなければ

「今ある何かがもしなかったならば」という意味で用いる決まり文句です。

If it were not for you, we couldn't solve this math problem.

君がいなければ，この数学の問題は解けないでしょう。

□ **if it had not been for ～** （実際にはあったが）～がなかったならば

if it were not for ～ が過去完了になった形で，「過去にあった何かがもしなかったとしたら」ということを述べるために用います。

If it had not been for you, we couldn't have solved that math problem.

君がいなかったならばあの数学の問題は解けなかったでしょう。

□ **without [but for] ～** （現在）～がなければ，（過去に）～がなかったならば

主節によって，if it were not for ～ あるいは if it had not been for ～ と同じ内容を表します。

Without [But for] you, we couldn't solve this math problem.

Without [But for] you, we couldn't have solved that math problem.

※ 反対に，実際はないものにたいして「～があれば，～があったならば」と言うときは，with を用いることができます。

With your help, they could have finished their homework.

君の助けがあれば彼らは宿題を終わらせられただろうに。

as it were（いわば）という熟語も覚えておきましょう。

□ **as it were** いわば

so to speak や in a sense と同じように，何らかのたとえを言う際に挿入する，やや固い表現です。

Our brain is, as it were, a kind of computer.

我々の脳は，いわば一種のコンピュータです。

予想問題

答えは別冊8ページ

■ 次の (1) から (3) までの (　) に入れるのに最も適切なものを **1, 2, 3, 4** の中から一つ選びなさい。

(1) (　) for the invention of the steam engine, the Industrial Revolution wouldn't have occurred.

 1 With   **2** Without   **3** But   **4** As

(2) If (　) for your support, they wouldn't have succeeded.

 1 it were not   **2** there had been
 3 they did not   **4** it had not been

(3) He is, (　) were, a walking library.

 1 as if   **2** if he   **3** as it   **4** if it

■ 次の英文がそれぞれ完成した文章になるように，その文意にそって (4), (5) の **1** から **5** を並べ替えなさい。そして2番目と4番目にくる最も適切なものを一つずつ選びなさい。ただし，(　) の中では文頭にくる語も小文字で示してあります。

(4) If (　), we couldn't reach the lake.

 1 not   **2** it   **3** the car
 4 were   **5** for

(5) (　) his honesty, she wouldn't have loved him.

 1 it   **2** for   **3** had not
 4 been   **5** if

注 (1) □ invention：発明　□ steam engine：蒸気機関　□ the Industrial Revolution：産業革命　□ occur：起こる
(2) □ succeed：成功する

予想テスト

答えは別冊8ページ

出題範囲 09〜16

■ 次の (1) から (13) までの (　) に入れるのに最も適切なものを **1, 2, 3, 4** の中から一つ選びなさい。

(1) The baby fell asleep in his mother's arms, so she gently (　　) him on the bed.

1 lie　　　**2** lay　　　**3** lain　　　**4** laid

(2) Although the prices of crude oil (　　) by about 20% last month, many analysts expect them to fall this month.

1 raise　　**2** raised　　**3** rose　　**4** risen

(3) Those who wanted to take the training program had to (　　) the meeting, but Kyoko completely forgot about it.

1 resemble　**2** discuss　**3** contact　**4** attend

(4) Brenda and her family canceled the trip to Miami because a tropical storm was (　　) the city.

1 approaching　**2** moving　**3** leading　**4** arriving

(5) Ms. Collins (　　) for New York on business yesterday. She will be there till the 20th.

1 leaves　**2** left　**3** has left　**4** had left

(6) Lucy knew that Ron had been practicing the violin very hard, so when he won the contest, she thought he (　　) the victory.

1 deserves　**2** deserved　**3** would deserve　**4** has deserved

(7) According to the police, 52 people were (　　) traffic accidents in the city last year.

1 died of　**2** died from　**3** killed in　**4** killed by

注
(1) □ gently：やさしく　(2) □ crude oil：原油　□ analyst：アナリスト　□ fall：下落する
(3) □ those who ...：…する人々　□ completely：完全に，すっかり　(4) □ cancel：〜を中止する
□ tropical storm：熱帯暴風雨　(5) □ leave for 〜：〜に向けて出発する　□ on business：仕事で
(6) □ deserve：〜に値する

(8) On hearing the teacher say "You (　　) start now," the students simultaneously turned over the test papers.

   1 could　　**2** may　　**3** would like　　**4** might as well

(9) A: I have some things to talk about with Mike, but I can't find him.
    B: He (　　) be studying in the classroom.

   1 will　　**2** had better　　**3** may well　　**4** might

(10) A: Look at Ben. He has cream on his lips.
     B: He (　　) have eaten the cake while we were out.

   1 must　　**2** should　　**3** cannot　　**4** ought to

(11) A: Ken, this train isn't going to Maple Square. We (　　) trains at Oak Street.
     B: Really? I have to tell Cindy we'll be late.

   1 may well change　　　　**2** ought to change
   3 would change　　　　　**4** should have changed

(12) A: What would you do to solve the problem (　　) in my shoes?
     B: That's a difficult question because it's very complicated.

   1 if you will be　**2** if you are　**3** if you were　**4** if you had been

(13) A: (　　) for your help, I couldn't have finished the task by the due date. I don't know how to thank you.
     B: No problem. If you need my help again, let me know.

   1 If it were not　　　　　**2** If it had not been
   3 As if it were not　　　**4** As if it had not been

注
(8) □ on *doing*：〜するとすぐに　□ simultaneously：いっせいに　(12) □ solve：〜を解決する
□ in *one's* shoes：〜の立場で　□ complicated：複雑な　(13) □ due date：期日，締切日

17 不定詞

to 不定詞の名詞的用法（〜すること），形容詞的用法（〜するための），副詞的用法（〜するために）といった基本に加え，準2級では以下のような知識も試されます。

● to 不定詞の意味上の主語を表す〈of ＋人〉

to 不定詞の意味上の主語（誰がそれをするのか）を表すには普通〈for ＋人〉を用いますが，**人の性質や性格に対する評価**を述べる際には，〈of ＋人〉を用います。

It is kind [clever / careless] <u>of</u> you to do it.
それをするなんてあなたは親切［賢い／不注意］ですね。

例文で用いられている形容詞のほかに，smart, thoughtful, wise, foolish などでこれを行います。

● 副詞的用法〈結果〉

副詞的用法は，文脈しだいで「**結果的に〜だった**」「**〜という運命であった**」のように解釈されます。この意味の to 不定詞の前にはしばしば **only**，**never** などの副詞が置かれて強調されます。

John opened the box <u>only to find</u> it empty.
ジョンは箱を開けると中は空でした。

● be to do

be 動詞の後に to 不定詞がきて「**〜することになっている**」という意味を表すことがあります。文脈しだいで〈予定〉〈運命〉〈義務〉など幅広い意味に解釈されます。

The plane <u>was to depart</u> at 8. 飛行機は8時に発つことになっていました。

● 完了不定詞

to 不定詞は普通 **to do** ですが，これを **to have done** と完了形にすると，主文に対して時制を過去に下げることができます。

I'm happy <u>to have won</u> the match. 試合に勝ってうれしいです。

この例文では，I'm happy と感じている段階ではすでに試合に勝っていますから，to win ではなく to have won となっています。

to 不定詞を用いた慣用表現も押さえましょう。多くは文頭に置かれるか，挿入されます。

- ☐ **to be honest** 正直に言うと
- ☐ **needless to say** 言うまでもないが
- ☐ **so to speak** 言わば
- ☐ **to make matters worse** さらに悪いことに
- ☐ **to begin with** まず始めに
- ☐ **to say nothing of 〜** 〜は言うに及ばず

予想問題

答えは別冊9ページ

■ 次の (1) から (3) までの (　) に入れるのに最も適切なものを **1，2，3，4** の中から一つ選びなさい。

(1) It was so kind (　) to help me find my key.

　　1 for you　　**2** that you　　**3** to you　　**4** of you

(2) The construction of the new building is (　) completed next April.

　　1 going to　　**2** to be　　**3** will be　　**4** to have

(3) Mary seems (　) her ring. She is not wearing it.

　　1 to lose　　**2** to be lost　　**3** losing　　**4** to have lost

■ 次の英文がそれぞれ完成した文章になるように，その文意にそって (4), (5) の **1** から **5** を並べ替えなさい。そして2番目と4番目にくる最も適切なものを一つずつ選びなさい。

(4) The weather in Italy was great, (　　).

　　1 to　　　　　　**2** the food　　　**3** say
　　4 of　　　　　　**5** nothing

(5) Ron called Sally's office (　) was on vacation.

　　1 told that　　　**2** only　　　　　**3** to
　　5 she　　　　　　**6** be

注　(2) ☐ construction：建設　　☐ complete：～を完成させる　　(5) ☐ on vacation：休暇中で

18 動名詞

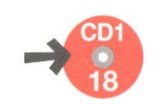

動詞を名詞として「〜すること」の意味で使う場合，to 不定詞の名詞的用法の他に，**動名詞** (doing) を用いることもあります。

ただし，動名詞と to 不定詞には次のような違いあります。

● **前置詞の後は動名詞**

He is good at drawing [×to draw] pictures. 彼は絵を描くのが上手です。

at は前置詞なので，その後に動詞を置く場合は動名詞の形にします。

look forward to 〜（〜を楽しみにする）や be used to 〜（〜に慣れている）の後にも不定詞ではなく動名詞がくるので注意しましょう。

I am looking forward to hearing [×hear] from you. お便りを楽しみにしています。

● **動名詞は終わったこと，to 不定詞はこれからすること**

enjoy（楽しむ）, finish（終える）, quit（辞める）, mind（嫌がる）など，一部の動詞は目的語に動名詞のみをとり，decide（決心する）, intend（意図する）, plan（予定する）などの動詞は to 不定詞のみをとります。

一方で forget（忘れる）, regret（後悔する）, remember（覚える）などは，どちらをとるかによって意味が変わります。一般的に「**動名詞は終わったこと，to 不定詞はこれからすることを表す**ことが多い」と覚えておきましょう。

I forgot giving her the letter. = I can't remember giving her the letter.
彼女に手紙を渡したことを忘れた／思い出せない。

Don't forget to give her the letter. = Remember to give her the letter.
彼女に手紙を渡すのを忘れないで。

動名詞については，以下の点にも注意が必要です。

● **意味上の主語は所有格か目的格**

動名詞の意味上の主語は所有格か目的格で表します。動名詞の意味上の主語が示されていない場合，その意味上の主語は文の主語になります。

Would you mind my [me] taking this seat? この席にすわってもいいですか。
Would you mind taking this seat? この席にすわってもらえますか。

● **完了動名詞**

主文よりも過去のことを表すには**完了形の動名詞**を用います。

I'm proud of being the captain. 主将であることを誇りに思います。
I'm proud of having been the captain. 主将であったことを誇りに思います。

予想問題

答えは別冊10ページ

■ 次の (1) から (3) までの (　) に入れるのに最も適切なものを **1**, **2**, **3**, **4** の中から一つ選びなさい。

(1) You are excited about (　) to the stadium, aren't you?

　1 going　　**2** to go　　**3** being gone　　**4** to have gone

(2) I don't feel like (　) noodles today.

　1 to eat　　　　　　　**2** having eaten
　3 eating　　　　　　　**4** to have eaten

(3) My uncle is famous for (　) across the Atlantic Ocean on a yacht when he was young.

　1 sailed　　　　　　　**2** having sailed
　3 to have sailed　　　 **4** being sailed

■ 次の英文がそれぞれ完成した文章になるように，その文意にそって (4), (5) の **1** から **5** を並べ替えなさい。そして2番目と4番目にくる最も適切なものを一つずつ選びなさい。

(4) I was (　) teachers when I was a kid.

　1 by　　　　**2** scolded　　**3** being
　4 to　　　　**5** used

(5) They seem (　) it.

　1 having　　**2** to　　　　**3** about
　4 talked　　**5** regret

注 (3) □ be famous for ～：～で有名である　　□ the Atlantic Ocean：大西洋　　□ yacht：ヨット　　□ sail：航行する
(4) □ scold：～をしかる

065

19 分詞構文

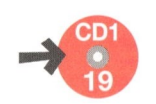

分詞構文

分詞には**現在分詞**（doing, 動名詞と形が同じなので注意）と**過去分詞**（done）があります。3級ではこれらを形容詞として後置修飾などで使いました。準2級では**分詞構文**を押さえましょう。

分詞構文は、主文に対して、それを取り巻く状況の説明を加える役割をします。分詞構文の意味上の主語は、主文の主語です。

● 分詞構文の役割

Seeing its master, the dog wagged its tail. 飼い主を見て、犬はしっぽを振りました。
I couldn't answer the question, not knowing the answer.
答えがわからなくて、質問に答えられませんでした。

分詞構文は文脈しだいで〈理由〉〈同時〉〈結果〉〈譲歩〉などさまざまな意味に解釈されます。ただし、あくまでも文脈しだいなので、「絶対にこうだ」と思い込まずに柔軟に理解しましょう。

● 分詞構文の意味

Seeing its master, the dog wagged its tail.
= When it saw its master

I couldn't answer the question, not knowing the answer.
= because I didn't know the answer

文脈を考えて柔軟に解釈しよう！

「～されて」という受け身の意味にするには、being done の形にします。その際 being はよく省略されます。

● 受け身の分詞構文

(Being) Scolded by the teacher, the student looked sad. 先生に怒られて、その生徒は悲しそうでした。

次のルールも覚えておきましょう

● 完了形の分詞構文（主文よりも時制が過去に下がります）

Having lost the game, the team went home quietly. 試合に負けたので、チームは静かに家に帰りました。
Having been bitten by a dog, I'm afraid of dogs. 犬にかまれたことがあるので、犬が恐いのです。

● 独立分詞構文（意味上の主語が主文の主語と異なる文）

My father living abroad, I don't see him very often. 父は海外に住んでいるので、あまり会えません。

予想問題

答えは別冊10ページ

■ 次の (1), (2) の (　) に入れるのに最も適切なものを **1, 2, 3, 4** の中から一つ選びなさい。

(1) Not (　) enough food, he became weaker and weaker.

　1 eaten　　　　　　　　**2** having been eaten
　3 being eaten　　　　　**4** eating

(2) (　) in plain Japanese, this book is suitable for learners of Japanese.

　1 Writing　　　　　　　**2** Being writing
　3 Written　　　　　　　**4** Having written

■ 次の英文がそれぞれ完成した文章になるように，その文意にそって (3) から (5) までの **1** から **5** を並べ替えなさい。そして2番目と4番目にくる最も適切なものを一つずつ選びなさい。ただし，(　) の中では文頭にくる語も小文字で示してあります。

(3) (　) help.

　1 for　　　　**2** cried　　　　**3** seeing
　4 she　　　　**5** the police officer,

(4) (　) am used to foreigners.

　1 I　　　　　**2** having　　　　**3** in
　4 lived　　　**5** New York,

(5) All (　) responsible for it.

　1 is　　　　　**2** not　　　　　**3** considered,
　4 he　　　　　**5** things

注 (1) □ enough：十分な　(2) □ be suitable for ～：～に適している　(4) □ foreigner：外国人
(5) □ be responsible for ～：～に責任がある

20 関係詞①

関係代名詞

関係代名詞の基本である主格, 目的格の区別に加え, 所有格 whose と, 先行詞を持たない what をマスターしましょう。

主格の関係代名詞は, 関係代名詞節における主語の役割をします。

● 主格 who / which / that　*that は先行詞の種類にかかわらず使えるよ*
Cori is the girl who [that] is playing ping-pong over there.
コリーはあそこで卓球をしている女の子です。
This is a game which [that] was created by a Korean company.
これは韓国企業によって製作されたゲームです。

目的格の関係代名詞は, 関係代名詞節における目的語の役割をします。目的格の関係代名詞は省略できます。

● 目的格 who [whom] / which / that　*目的格の関係代名詞は省略可能！*
The man (who [whom / that]) I saw yesterday was Jerry's uncle.
私が昨日見た男性はジェリーのおじさんでした。
This is the book (which [that]) Kim recommended.　これがキムが勧めてくれた本です。

固有名詞などに**カンマ (,) 付きの関係代名詞**が続くことがあります。that では言い換えられず, 目的格でも省略されません。

● 〈カンマ＋関係代名詞〉　*この形で that は使えないよ！*
The Zebra tablet, which [×that] I have been using since last month, is quite nice.
ゼブラ・タブレットは, 私は先月から使っているのですが, とてもいいです。

所有格の関係代名詞は, 所有格の代名詞の代わりをするため, その後に名詞が続きます。先行詞が人でも物でも, 所有格の関係代名詞は whose です。〈whose ＋名詞〉は関係代名詞節における名詞や主語の役割をします。

● 所有格 whose　*whose の後には名詞がくるよ！*
The police looked for the car whose windows were broken.　警察は窓の壊れた車を探しました。

what は先行詞なしで「…なもの」という意味を表します。the thing(s) which とほぼ同じ意味です。

● 先行詞を持たない what
Have you found what you were looking for?　探していたものは見つかりましたか。

予想問題

答えは別冊11ページ

■ 次の (1) から (3) までの (　) に入れるのに最も適切なものを **1**, **2**, **3**, **4** の中から一つ選びなさい。

(1) Tokyo, (　) is capital of Japan, is one of the busiest cities in the world.

 1 who **2** which **3** what **4** that

(2) Jiro looks up every word (　) meaning is not clear to him.

 1 which **2** who **3** that **4** whose

(3) Macy refused to show us (　) she had in her hand.

 1 that **2** who **3** which **4** what

■ 次の英文がそれぞれ完成した文章になるように，その文意にそって (4), (5) の **1** から **5** を並べ替えなさい。そして2番目と4番目にくる最も適切なものを一つずつ選びなさい。

(4) Someone (　) left you this note.

 1 name **2** cannot **3** I
 4 whose **5** remember

(5) The architect (　) for his unique method.

 1 this building **2** famous **3** designed
 4 who **5** is

注 (1) □ capital：首都　(2) □ look ~ up：(辞書などで) ~を調べる　(3) □ refuse to *do*：~することを拒む
(5) □ architect：建築家　□ unique：独特な　□ method：方法　□ design：~を設計する

21 関係詞②

関係副詞

関係副詞(where, when, why, how)と関係代名詞を区別できていますか。〈場所＋where〉,〈時＋when〉,〈理由＋why〉,〈(方法＋)how〉という基本を押さえた上で, 以下の点に注意しましょう。

● **関係副詞の後は完全な文, 関係代名詞の後は不完全な文**

This is *the place* <u>where</u> my father met my mother. ここは父が母に出会った場所です。

This is *the place* <u>which</u> my parents visited ∧. ここが私の両親が訪れた場所です。

※ 先行詞は同じですが, その後に違いがあります。my father met my mother は完全な文ですが, my parents visited は ∧ への位置に来るべき visited の目的語が足りません。

> この文は visited の目的語がない不完全な文!

関係副詞は〈前置詞＋関係代名詞〉で言い換えることが可能です。

● **〈関係副詞＝前置詞＋関係代名詞〉**

It happened on *the day* <u>when</u> I graduated from high school.
＝It happened on *the day* <u>on which</u> I graduated from high school.
　それは私が高校を卒業した日に起こりました。

I saw *the room* <u>where</u> John Lennon stayed.
＝I saw *the room* <u>in which</u> John Lennon stayed.
　私はジョンレノンが滞在した部屋を見ました。

関係副詞はほぼ決まった先行詞をとるため, しばしば先行詞と関係副詞のいずれかが省略されます。the way と how に関しては, 必ずどちらかが省略されます。

● **先行詞の省略／関係副詞の省略**

> 省略に注意!

This is (the place) <u>where</u> I saw her. これが私が彼女を見た場所です。

February is (the time) <u>when</u> the snow is heaviest. 2月は雪が最も多いときです。

That's (the reason) <u>why</u> she was angry. それが彼女が怒っていた理由です。

I don't like the way [×the way how] he talks. 私は彼の話し方が好きではありません

That is <u>how</u> [×the way how] he became friends with her.
そのようにして彼は彼女と友人になったのです。

> the way と how は一緒に使えないよ!

予想問題

答えは別冊11ページ

■ 次の (1) から (3) までの (　) に入れるのに最も適切なものを **1, 2, 3, 4** の中から一つ選びなさい。

(1) Kyoto, (　) I grew up, is an old capital of Japan.

 1 when   **2** which   **3** where   **4** that

(2) He lives in Niigata, (　) is known for its rice products.

 1 where   **2** that   **3** what   **4** which

(3) She wouldn't tell me (　) she was absent yesterday.

 1 why   **2** how   **3** what   **4** where

■ 次の英文がそれぞれ完成した文章になるように，その文意にそって (4), (5) の **1** から **5** を並べ替えなさい。そして2番目と4番目にくる最も適切なものを一つずつ選びなさい。

(4) Jane is hoping to work at (　) used to work.

 1 father   **2** company   **3** her
 4 where   **5** the

(5) What (　) the project failed?

 1 why   **2** reason   **3** the
 4 be   **5** can

注 (1) □ grow up：大人になる，成長する　(5) □ fail：失敗する

22 比較①

比較

2つ以上のものを比較する表現には、〈as ＋原級＋ as ～〉、〈比較級＋ than ～〉、〈最上級＋ of [in] ～〉があります。準2級ではこれらの基本形に加え、以下のような応用表現や慣用句を押さえましょう。

as large as ～ は「～と同じくらい広い」ですが、前に**倍数表現**の twice を入れることで「～の2倍広い」という意味になります。

● 倍数表現

Spain is <u>twice</u> as large as Britain. スペインは英国の2倍の広さだ。

※ 倍数表現には他に half (半分の)、a third (3分の1の)、three times (3倍の) などがあります。

比べる対象が一つしかない場合、比較級でも the が付くことになります。

● 比較級に the が付く例

Betty is <u>the taller of the</u> two. ベティは2人のうちで背の高い方だ。

相関関係（片方が増減すれば他方もそれに従う）を表す〈The ＋比較級 ～, the ＋比較級 …〉という構文があります。比較級の後は〈主語＋動詞〉の語順になります。

● 〈The ＋比較級 ～, the ＋比較級 …〉

<u>The higher</u> you go, <u>the thinner</u> the air becomes.
上に登れば登るほど空気は薄くなります。

原級や比較級を用いて最上級と同じ意味を表すことができます。

● 最上級の書き換え

Soccer is <u>the most popular</u> sport.
= Soccer is <u>more popular than any other</u> sport.
= <u>No (other)</u> sport is <u>as popular as</u> soccer.
= <u>No (other)</u> sport is <u>more popular than</u> soccer.

サッカーは最も人気のスポーツです。

予想問題

答えは別冊11ページ

■ 次の (1) から (3) までの (　) に入れるのに最も適切なものを **1, 2, 3, 4** の中から一つ選びなさい。

(1) Chris is (　) of the two boys.

 1 the oldest **2** older than **3** the older **4** as old

(2) A cheetah can run almost (　) as a lion.

 1 twice as fast   **2** twice faster
 3 as twice fast   **4** faster twice

(3) Strangely, the longer he ran, the (　) tired he felt.

 1 few **2** fewer **3** little **4** less

■ 次の英文がそれぞれ完成した文章になるように，その文意にそって (4), (5) の **1** から **5** を並べ替えなさい。そして2番目と4番目にくる最も適切なものを一つずつ選びなさい。

(4) This car (　) as that one.

 1 expensive **2** is **3** as
 4 times   **5** three

(5) Tracy can (　) in her class.

 1 better **2** other girl **3** than
 4 sing **5** any

注 (2) □ cheetah：チーター　(3) □ strangely：奇妙なことに

23 比較②

比較

比較表現には慣用表現が多く存在します。次の表現は必ず覚えておきましょう。

金額や分量の前に as much as をつけると多さの強調になります。数えられるものの数を強調するときは as many as が使えます。

● as much as / as many as

He said the bike repairs might cost as much as thirty thousand yen.
彼はその自転車修理は3万円もかかるかもしれないと言いました。

〈as ～ as ＋人＋ can〉と as ～ as possible は「なるべく[できる限り]～」の意味になります。また、as soon as possible はしばしば頭文字をとって ASAP と表現され、メモなどに頻繁に登場します。

● 〈as ～ as ＋人＋ can〉/ as ～ as possible

I'll return it to you as soon as I can [possible]. それをなるべく早く返します。

not so much A as B で「A というよりむしろ B」の意味を表します。B rather than A もほぼ同様の意味を表しますが、A と B の位置が入れ替わることに注意しましょう。

● not so much A as B / B rather than A

She is not so much a model as an actress. 彼女はモデルというよりむしろ女優です。
≒ She is an actress rather than a model.

〈no ＋比較級＋ than〉には、比較級になった形容詞の反対の意味を強調する働きがあります。no more than は少なさを強調するために、no less than は多さを強調するために用いられます。

● 〈no ＋比較級＋ than〉

He had no more than a dollar in his pocket. 彼はポケットに1ドルしかありませんでした。
He had no less than a dollar in his pocket. 彼はポケットに1ドルもありました。

〈at ＋最上級〉には「最大(最小)で」のように限界を示す働きがあります。

● 〈at ＋最上級〉

She is at best a not-so-bad chef. 彼女はせいぜい悪くない料理人でしかありません。
She is at least a not-so-bad chef. 彼女は少なくとも悪くない料理人ではあります。

他にも例えば次のような慣用表現があります。

- ☐ (文の後に続けて) much more ～ ましてや～だ / much less ～ ましてや～ではない
- ☐ know better than to do ～するほど愚かではない
- ☐ no longer ～ もはや～ではない
- ☐ 〈最上級＋ that I have ever done〉 私がこれまで…した中で最も～
- ☐ the second [third / fourth ～]＋最上級 2 [3 / 4 ～] 番目に～

予想問題

答えは別冊12ページ

■ 次の (1), (2) の (　) に入れるのに最も適切なものを **1**, **2**, **3**, **4** の中から一つ選びなさい。

(1) Jesse probably has as (　) two hundred CDs.

 1 more than **2** much as **3** less than **4** many as

(2) The concert was a success; (　) a hundred people showed up to hear her music.

 1 not more than   **2** no more than
 3 no fewer than   **4** as few as

■ 次の英文がそれぞれ完成した文章になるように，その文意にそって (3) から (5) までの **1** から **5** を並べ替えなさい。そして2番目と4番目にくる最も適切なものを一つずつ選びなさい。

(3) Thomas is (　) a hard worker.

 1 much   **2** as   **3** so
 4 a genius **5** not

(4) You should (　) a thing to her.

 1 better **2** such **3** to say
 4 than   **5** know

(5) This is the (　) climbed.

 1 mountain **2** ever **3** that
 4 I have   **5** highest

注 (2) □ show up：現れる

予想テスト

答えは別冊12ページ
出題範囲 17〜23

■ 次の (1) から (7) までの (　) に入れるのに最も適切なものを **1**, **2**, **3**, **4** の中から一つ選びなさい。

(1) *A:* Would you mind (　　) your seat to this lady?
　B: No, not at all. I'm getting off at the next station anyway.

　1 give　　**2** to give　　**3** given　　**4** giving

(2) Josh had a bicycle stolen. To (　　), the bicycle was not his but the one he had borrowed from his friend.

　1 be honest　　　　　　**2** begin with
　3 say nothing of　　　　**4** make matters worse

(3) (　　) all the way from the office, Paul was exhausted when he got home.

　1 Having walked　**2** To walk　**3** Walked　**4** Walk

(4) Nancy was not very good at (　　). However, once Jim began teaching her, she soon became a good swimmer.

　1 swim　　**2** swimming　　**3** to swim　　**4** swimmer

(5) As is often the case, the more knowledge you acquire, the (　　) questions you have.

　1 many　　**2** much　　**3** more　　**4** most

(6) Kate fell from the platform while concentrating on her smartphone. When her father learned about the incident, he told her that it was very careless (　　) her.

　1 to　　**2** with　　**3** for　　**4** of

(7) Entering the living room, the cat jumped onto the sofa (　　) Ken was sleeping.

　1 which　　**2** that　　**3** what　　**4** on which

注
(1) □ anyway：いずれにしろ　(3) □ all the way from 〜：〜からはるばる　(5) □ as is often the case：よくあることだが
□ acquire：〜を習得する　(6) □ concentrate on 〜：〜に集中する　(7) □ jump onto 〜：〜に飛び乗る

■ 次の英文がそれぞれ完成した文章になるように，その文意にそって(8)から(13)までの **1** から **5** を並べ替えなさい。そして2番目と4番目にくる最も適切なものを一つずつ選びなさい。ただし，( )の中では文頭にくる語も小文字で示してあります。

(8) The journalist is going to have an interview with (　　) these days.
　　1 reputation　　**2** fast　　**3** whose
　　4 is growing　　**5** a businessperson

(9) Fred is going to visit (　　) as a craftsman for 20 years.
　　1 his father　　**2** the factory　　**3** has been
　　4 where　　**5** working

(10) Mr. Miller has a large number of paintings. In fact, (　　) the local museum's.
　　1 is　　**2** his collection　　**3** twice
　　4 as large　　**5** as

(11) At the entrance of the theater, (　　) the actress to show up.
　　1 less than　　**2** for　　**3** 500 people
　　4 were waiting　　**5** no

(12) The baseball foundation officially announced that (　　) New York on November 30th.
　　1 is　　**2** held in　　**3** the
　　4 to be　　**5** award ceremony

(13) Ken often goes to Pescara's Chef, an Italian restaurant near his house, and enjoys genuine Italian cuisine. He thinks it is (　　) visited.
　　1 restaurant　　**2** the best　　**3** that
　　4 ever　　**5** he has

注　(8) □ these days：最近　　(9) □ craftsman：職人　　(10) □ collection：コレクション
　　(12) □ foundation：財団　　□ award ceremony：授与式　　(13) □ genuine：本物の

24 長文読解のテクニック

大問❹・❺

準2級では大問❹と❺に長文読解問題が登場します。それぞれ形式は以下の通りです。

大問❹　空所補充
　[A]　2段落・150語程度で「ある人の体験」をまとめたもの。空欄は2か所。
　[B]　3段落・250語程度で「説明文」。空欄は3か所。
大問❺　英文の内容に関する質問
　[A]　200語程度で「知り合い同士のEmail文」。質問は3つ。
　[B]　300語程度で「説明文」。質問は4つ。

> まずは形式を知ろう！

それぞれの大問について、いくつかテクニックを紹介します。

大問❹

● **タイトルに注目する**

それぞれの文章には冒頭にタイトルがあります。これは文章のテーマを示すものですから、大きなヒントと言えます。

> スラッシュを入れながらまとまりごとに読み進めよう！

● **フレーズごとに切りながら読む**

準2級では1文1文が長く、複雑になります。読み取りにくいと感じたときは、まとまりごとにスラッシュ（／）を入れて読んでいきましょう。例えば、
His grandmother had died a few years before, / and the book helped him / to remember the happy times / they had had together.
彼の祖母は数年前に亡くなっていた／そしてその本は彼の助けになった／楽しい時代を思い出すための／共に過ごした

のように、接続詞、to不定詞、関係詞などの前にスラッシュを入れると、文全体を一度に理解しようとするよりわかりやすくなります。少なくとも準2級の文章レベルに慣れるまでは、こまめにスラッシュを入れながら読むと良いでしょう。

> 選択肢のすべての意味がわからなくても大丈夫！

● **類義語を区別する**

空欄に入るのは全て「同じ品詞でやや紛らわしいもの」です。特に動詞と形容詞がよく問われます。文脈に合うものを選べばよいので、必ずしもすべての選択肢の意味がわかる必要はありませんが、nervous（神経質な、緊張している）とworried（心配している）のようにやや紛らわしいものは、日頃から注意して区別しておきましょう。

大問❺

基本的に大問❹であげたことは❺にも当てはまりますが，加えて次のようなことを意識しておきましょう。

● **Emailの形式に慣れる**

送信者 (From)，受信者 (To)，件名 (Subject) および冒頭の呼びかけ (Dear John [Uncle Todd / Mr. Smith]，など) からは，メールの主旨とやりとりをしている2人の関係が読み取れます。

> 冒頭に注目してヒントをつかもう！

● **段落ごとの展開に注目する**

長文は漠然と読んでも内容が頭に入らず，先に理解したことを後半に入って忘れてしまうということもあり得ます。英語には「1段落＝1つの主題」という原則がありますから，各段落の主題 (たいてい第1文でわかります) や全体の中で果たす役割に注目して，ときには余白に書き込みをしながら読みましょう。

therefore や however などのつなぎ語，It is true that 〜 but … や although を用いた譲歩表現，that experience, the reason for this といった前の内容を指す指示代名詞などは展開を把握する上で大きな手がかりとなります。

設問も段落ごとの内容についてのものがほとんどです。

● **わからない部分があっても一度は読み通す**

読むのが遅い人には，わからない語句があるとそこで止まってしまう傾向があります。最後まで読み，さらに設問まで見てしまってから再び読み返すとわかることが多いので，止まらず最後まで読むようにしましょう。

> 知らない語句があっても最後まで読もう！

● **本文と選択肢の言い換えに注意**

長文では全く同じ表現の繰り返しを避けるために，同じことが別の表現で言い換えられます。例えば英文中の transport が選択肢では deliver で言い換えられることがあります。

> 言い換えに注意！
> transport
> ≒
> deliver

それでは，これらのことを意識しながら，予想問題に取り組みましょう。

予想問題

答えは別冊13ページ

■ 次の英文［A］,［B］を読み，その文意にそって⑴から⑸までの（　）に入れるのに最も適切なものを **1**，**2**，**3**，**4** の中から一つ選びなさい。

4 A

A Cookbook Connection

During spring vacation last March, Jennifer helped her mother do some major housecleaning. Together they cleaned out each room. It took a few days because they took everything out of their drawers, closets, and cupboards and decided what to (　1　), what to give away, and what to throw away. Then they put everything away neatly.

When they were cleaning out the kitchen cupboards, Jennifer found some cookbooks. She noticed one that looked very old. Inside the cover was the name "Mary Cadwallader." Jennifer recognized that name. The new girl in school, Lili Cadwallader, had the same last name. So after spring break, Jennifer took the cookbook with her to school and gave it to Lili. Both girls were very (　2　) when they learned that Mary Cadawallader was Lili's great-grandmother from Wales, UK. They still don't know how the book got to the U.S., but they are glad Jennifer found it because they became good friends after that.

(1) **1** keep　　**2** get　　**3** make　　**4** use
(2) **1** nervous　　**2** surprised　　**3** disappointed　　**4** worried

注
- □ cookbook：料理本　□ connection：つながり　□ housecleaning：大掃除　□ clean ～ out：～を掃除する
- □ drawer：引き出し　□ cupboard：食器棚　□ give ～ away：～を譲る，あげる　□ throw ～ away：～を捨てる
- □ neatly：きちんと　□ cover：表紙　□ Wales：ウエールズ（イギリス西部に位置する）

4 B *The Color Run*

A unique race took place in January of 2012 in Phoenix, Arizona. It was called The Color Run, but it has since earned the nickname "the Happiest 5k on the Planet" because it was so fun. But what exactly is it? The Color Run is an untimed 5-kilometer race. What's (3) about it is that all participants must wear white at the start, and as they run, they get splashed with colored powder as they pass the color stations. These stations are located at the one-, two-, three-, and four-kilometer marks.

At the end of the race, the runners are splashed a fifth time as they cross the finish line. By the end of the race, all of the contestants, and most of the spectators, are (4) in colored powder. The end of the race is not the end of the fun, however. After each race, there's a Finish Festival where the contestants celebrate with music and dancing. During the festival, the crowd participates in "color throws" every fifteen minutes as more runners come in.

The race is untimed because its goal is to promote healthiness and happiness by bringing long-time runners and beginners together to run just for the fun of it. (5) there is no winner and there are no official times, it has become especially popular with first-time runners. The Color Run is worldwide now. There were 170 events held in over 30 countries in 2013. The Color Run has even made it to Japan, with races held in Tokyo in March and April of 2014.

(3) **1** usual **2** required **3** wrong **4** unique
(4) **1** put **2** attacked **3** covered **4** thrown
(5) **1** Since **2** Despite **3** However **4** Luckily

注
- Phoenix：フェニックス（米アリゾナ州の州都）
- nickname：ニックネーム
- untimed：時間が計られない
- participant：参加者
- splash：〜をはね散らす
- colored powder：色のついたパウダー
- mark：地点
- contestant：参加者
- spectator：観客
- participate in 〜：〜に参加する
- bring 〜 together：〜を一緒にする
- worldwide：世界中で

予想問題

答えは別冊14ページ

■ 次の英文 [A], [B] の内容に関して, (6)から(12)までの質問に対して最も適切なもの, または文を完成させるのに最も適切なものを **1, 2, 3, 4** の中から一つ選びなさい。

5 A

From: Nina Gordon < ninagordon@mailone.com >
To: Tammy Flanders < tammy92@easymail.net >
Date: September 30, 2014
Subject: Thanksgiving

Dear Tammy,

Sorry for not writing sooner. How're you doing? My mom told me you're stressed out about a science project that is due soon. I wish I were there to help you with it. You know, if you really need help, you can call my dad. He loves that kind of thing. He used to help me with my science projects, and I always got good grades on them.

Speaking of school, I've been super busy since I got to the university. My parents drove me here on September 7th. I spent the day setting up my dormitory. The next day, my roommate arrived. Then classes started on the 9th. I haven't had a break!

By the way, you won't believe what my roommate's name is. It's Tammy! She's funny and talkative, just like you. She even looks a little bit like you. She makes me miss you! But I have good news — I'll be home for Thanksgiving! We get a whole week off, so I'll have time to go shopping or do whatever you want. I can't wait to see you!

Your cousin,
Nina

注
□ Thanksgiving：感謝祭　□ be stressed out：疲れ切っている　□ due：締め切りが来て
□ get good grades on ~：~でよい成績をとる　□ speaking of ~：~について言えば　□ by the way：ところで
□ talkative：おしゃべりな　□ a little bit：少し　□ miss：~がいなくてさみしい　□ whatever：…することは何でも

(6) What did Nina say about her dad?
1 He used to be a science teacher.
2 He could help Tammy with her project.
3 He wished Nina could be there to help Tammy.
4 He got good grades in science when he was young.

(7) Nina now lives
1 with a roommate.
2 by herself on campus.
3 far away from the university.
4 in a dormitory with her parents.

(8) What did Nina think was surprising?
1 That her roommate was talkative.
2 That students had time off for Thanksgiving.
3 That her roommate and her cousin had the same name.
4 That her cousin didn't want to go shopping during the break.

5 B

Turkey Talk-Line

In America, Thanksgiving Day is a time for families to celebrate everything they are thankful for. The main event is a big family dinner. There are lots of side dishes. Some families serve mashed potatoes, some serve sweet potatoes, and some serve both. Some insist on stuffing; others want macaroni and cheese. Most people have a green vegetable, and dessert might be some kind of pie, like pumpkin or apple. However, while these dishes vary, the main dish does not. It must be turkey.

In fact, according to the National Turkey Federation, 88% of Americans eat turkey on Thanksgiving. Turkey can be a little scary to make, especially for beginners, because many things can go wrong. The turkey can be too small or too big, for example, and you may burn it or not cook it enough. Worst of all, however, it can make everyone sick. The reason is that raw turkey, like raw chicken, can carry bacteria. But a turkey is much bigger than a chicken, so it's hard to guess how long the frozen turkey will take to thaw out or how long it will take to cook completely. That's why there's a Turkey Talk-Line.

Since 1981, this toll-free telephone service, sometimes called Turkey 911, has been hosted by Butterball, a major producer of turkeys. Questions range from "How big a turkey should I buy?" to "How do I cook a turkey at a high altitude?" In the first year, around 11,000 people called in for advice. Each year the number of callers has grown, and now over a million people call during the Thanksgiving and Christmas holidays.

Callers can be sure the advice they get is correct because Butterball hires only people with expert knowledge as operators. In the past, these experts and most callers were women. These days, however, a quarter of the callers are men. That's why as of 2013, the voice you hear when you call the Turkey Talk-Line may be a man's.

注
- □ turkey：七面鳥　　□ be thankful for ～：～に感謝している　　□ side dish：付け合わせ料理, サイドディッシュ
- □ mashed potato：マッシュポテト　　□ insist on ～：～を強くせがむ　　□ stuffing：(料理の) 詰め物
- □ vary：さまざまである　　□ scary：こわい　　□ worst of all：最悪なのは, 一番困ることは　　□ raw：生の
- □ bacteria：バクテリア　　□ frozen：冷凍された　　□ thaw ～ out：～を解凍する　　□ toll-free：通話料無料の
- □ host：～を提供する　　□ range from ～ to ...：～から…にまで及ぶ　　□ hire：～を雇う　　□ expert：専門的な
- □ operator：オペレーター　　□ quarter：4分の1　　□ caller：電話をかけてくる人　　□ as of ～：～時点で

(9) What do most Americans do on Thanksgiving Day?
 1 They eat turkey on Thanksgiving.
 2 They eat macaroni and cheese on Thanksgiving.
 3 The side dishes they eat vary from year to year.
 4 They thank each other and exchange presents.

(10) What is the worst thing that can happen on Thanksgiving?
 1 You can cook the turkey too much.
 2 The turkey you bought can be too small.
 3 People can get sick from an undercooked turkey.
 4 The cook can't guess how long to thaw the frozen turkey.

(11) What is true about the Turkey Talk-Line?
 1 The callers do not pay for the call.
 2 People can call it if they get sick from eating turkey.
 3 The operators help people injured in cooking accidents.
 4 Only people who bought turkeys produced by Butterball can call in.

(12) Callers to the Turkey Talk-Line
 1 can expect to speak to a man every time.
 2 will speak to someone who has worked at Butterball for many years.
 3 usually request a woman because the callers are all women.
 4 can trust the advice they get because the operators are experts.

25 リスニング 会話表現①
―友人・家族との会話―

リスニング第1, 2部

　65分の筆記試験の後は，25分のリスニングです。合計75点中30点ですから，3級ほどではないにせよかなりのウェイトを占めます。

　リスニング第1部，第2部は会話形式なので，会話独特の表現が登場することがあります。状況的には，**友人同士や家族間の日常会話**と，**会社や店などでのビジネス会話**が含まれます。日頃から会話表現に注目し，状況と合わせて覚えるようにしましょう。

　日常会話では，以下のような表現を押さえておくとよいでしょう。

● 提案・誘い
- Why don't we [you] ～?
  ～しましょう [～してはどうでしょうか]

● 誘い・お願いに対する返答
- That sounds great [nice / interesting].
  素晴らしいですね [いいですね／おもしろそうですね]。
- Sure. / Of course. / Certainly.
  [喜んで] もちろん〈受諾〉
- Sorry, but …　悪いけど…〈断り〉

● 感想を求めて
- What do you think of ～?
  ～をどう思いますか

● 質問に対して
- Not really.
  いやあ，そんなことはありません。

● 何かを伝えるときに
- To tell you the truth, …
  実を言うと
- To be honest, …　正直に言うと

● 見た目を尋ねて
- What does it look like?
  どのような見た目ですか

● ポジティブな気持ち（期待など）を込めて
- I hope …　…であるといいですね。
- I hope so.
  （前の内容に対して）そうだと期待します。
- I hope not.
  （前の内容に対して）そうでなければいいのですが。

● ネガティブな気持ち（不安など）を込めて
- I'm afraid …　…のようですね
- I'm afraid so.
  （前の内容に対して）残念ながらそのようです。
- I'm afraid not.
  （前の内容に対して）残念ながらそうではなさそうです。

● 相手を心配して
- What happened?　どうしたのですか
- What happened to ～?
  ～に何があったのですか

● 丁寧なお願い
- Would you mind doing ～?
  ～していただけますか
- —Not at all.　いいですよ。

※ mind は「～を気にかける，嫌だと思う」の意味なので，「いいですよ」と答えるときは Not at all. のように否定する。

予想問題

答えは別冊15ページ

■ 対話を聞き，その最後の文に対する応答として最も適切なものを，放送される **1**, **2**, **3** の中から1つ選びなさい。

No.1 〜 No.4

■ 対話を聞き，その質問に対して最も適切なものを **1**, **2**, **3**, **4** の中から1つ選びなさい。

No.5
1. To live with his uncle.
2. To learn how to ride a horse.
3. To race horses.
4. To learn how to train horses.

No.6
1. She broke her leg skiing.
2. She broke her arm skiing.
3. She will go to the hospital for surgery.
4. She caught a bad cold.

No.7
1. Striped curtains.
2. Beige curtains.
3. White curtains.
4. Coffee table.

No.8
1. Clean her room.
2. Vacuum the living room.
3. Take out the garbage.
4. Wash the dishes.

26 リスニング 会話表現② —ビジネス・ショッピングでの会話—

リスニング第1, 2部

会社やお店での会話には一定のパターンがあります。また，見知らぬ人同士の会話の場合はやや丁寧になりがちです。例えば以下のような一連の表現を覚えておきましょう。

● 電話にて

- [ ] Hello?　もしもし？
  ※ 単に名前や会社名を言う場合もあります。
- [ ] How can [may] I help you?　どうしましたか。
- [ ] May I [Can I / Could I] speak to ～?　～さんをお願いします。
- [ ] Would you like to leave a message?　伝言を残されますか。
- [ ] Hold on. / Could you hold on?　少々お待ちください。

● お店やイベントにて

- [ ] Welcome to ～.　～へようこそ。
- [ ] Excuse me.　ちょっとすみません。
- [ ] Can [May] I help you?　いらっしゃいませ。何かお探しですか。
- [ ] I'm just looking.　見ているだけです。
- [ ] Can I try this on?　試着してもいいですか。
- [ ] No, thanks.　いいえ，結構です。
- [ ] Feel free to ask.　遠慮なくお尋ねください。

● レストランにて

- [ ] I'd like to make a reservation.　予約をしたいのですが。
- [ ] Are you ready to order?　ご注文はお決まりですか。
- [ ] Would you like something to drink?　何かお飲み物はいかがですか。
- [ ] How would you like your steak?　ステーキの焼き加減はどうなさいますか。
- [ ] How would you like to pay?　お支払いはいかがなさいますか。
  ※ 支払い方法は by cash [check / credit card]「現金[小切手／クレジットカード]で」などで表します。

● その他

- [ ] I'd like to send this parcel [package] to ～.　この小包を～に送りたいのですが。
- [ ] How much does it cost to do ～?　～するにはいくらかかりますか。
- [ ] Go down three blocks and turn left.　まっすぐ3区画進んでから左に曲がってください。

予想問題

答えは別冊17ページ　CD1 27

■ 対話を聞き，その最後の文に対する応答として最も適切なものを，放送される **1**, **2**, **3** の中から1つ選びなさい。

No.1 〜 No.4

■ 対話を聞き，その質問に対して最も適切なものを **1**, **2**, **3**, **4** の中から1つ選びなさい。

No.5
1. Bringing the dessert menu.
2. Taking the customer's order.
3. Ordering today's special.
4. Complaining about the servie.

No.6
1. It was the wrong color.
2. It was too big.
3. It had a hole in it.
4. It was too small.

No.7
1. On the north side of the 5th floor.
2. On the south side of the 5th floor.
3. On the north side of the 4th floor.
4. On the main floor near the entrance.

No.8
1. Salmon rolls.
2. Cheese puffs.
3. Egg rolls.
4. Crab-stuffed mushrooms in cream sauce.

27 リスニング　説明文の表現

リスニング第3部

　第3部の説明文では、全ての表現がわからなくても、流れにそって内容を理解していく必要があります。キーワードとなるような、人の職業や役割を指す表現、客観的に行為や感情を説明する表現、そしてアナウンスの定番表現には、日頃から注意を向けましょう。

● 職業や役割を指す表現例

- ☐ instructor　教官、インストラクター
- ☐ explorer　探検家
- ☐ sailor　船乗り
- ☐ expert　専門家
- ☐ customer　店の客、顧客
- ☐ guest　家、ホテルなどの客
- ☐ fiance (男性) / fiancee (女性)　婚約者
- ☐ neighbor　近隣の人
- ☐ local residents　地元の住民

● 行為・感情を説明する表現例

- ☐ tell+人+to do　(人)に〜するように言う
- ☐ ask+人+to do　(人)に〜するように頼む
- ☐ help+人+do　(人)が〜するのを手伝う
- ☐ ask+人+if ...　(人)に…かどうかを尋ねる
- ☐ take part in 〜　〜に参加する
- ☐ get a discount　値引きをしてもらう
- ☐ take+人+to+場所　(人)を(場所)に連れて行く
- ☐ look forward to 〜　〜を楽しみにする
- ☐ be surprised　驚く
- ☐ be disappointed　がっかりする

● アナウンスの表現例

- ☐ Attention, 〜.　(店などで)お客さま。
- ☐ Thank you for coming to 〜.
  ようこそ〜へお越しくださいました。
- ☐ We would like to do 〜.
  〜をさせていただきます。
- ☐ We are happy to announce that ...　…をお知らせいたします。
- ☐ This means ...　すなわち…ということです。
- ☐ Please remember ...
  どうぞ…をお忘れなきよう。
- ☐ Please enjoy 〜.
  どうぞ〜をお楽しみください。
- ☐ We hope ...　…を期待しています。

● その他、説明によく使われる表現例

- ☐ One of the+複数名詞　〜のうちの1つ
- ☐ be said [believed] to do
  〜すると言われて[信じられて]いる
- ☐ the first 〜 to do　初めて…する[した]〜
- ☐ Like [Unlike] 〜
  〜のように[とは異なり]

予想問題

答えは別冊19ページ

■ 英文を聞き,その質問に対して最も適切なものを **1**, **2**, **3**, **4** の中から1つ選びなさい。

No.1
1. Sell his old books.
2. Clean up his room.
3. Stop buying so many books.
4. Put his books in a bigger room.

No.2
1. It is bad luck.
2. Vicky has great fashion sense.
3. She had a fight with her fiance.
4. Her fiance has poor taste in clothes.

No.3
1. College scholarships.
2. Free music lessons.
3. First-place trophy
4. Championship rings.

No.4
1. Her neighbor has loud parties all the time.
2. Her neighbor plays music very loudly.
3. The front door doesn't close properly.
4. The toilet is broken.

No.5
1. In their gardens.
2. In their living rooms.
3. On their front porch.
4. Next to the front gates.

No.6
1. By teaching her new exercise routines.
2. By teaching her how to use the exercise equipment.
3. By jogging with her every morning.
4. By motivating her to exercise.

28 リスニング問題のテクニック①
第1部：応答文選択

リスニング第1部

第1部は応答文選択問題です。選択肢も放送されます。

問題数	10問
形式	男女2人の対話を聞き，その最後に続く応答として最も適切なものを選ぶ。A-B-Aと発言が続くので，次のBの発言を選ぶ。
備考	会話と選択肢は一度しか読まれないので注意。

第1部では次の点がポイントになります。

● 大まかな流れが取れればOK！

（例） A: Betty, are you busy after dance practice this afternoon?
　　　 B: No, but I'll be tired, so I'll probably just relax at home.
　　　 A: Do you want to go and get a hamburger together?

（全部聞きとれなくてもOK！）

　上の例では，Aの発言を聞いて，2人はファーストネームで呼び合う仲だということがわかります。また，相手の予定を知りたがっていることもわかります。
　予定を聞かれたBはNo, but I'll be tiredと答えていますので，予定はないけど疲れていることがわかります。
　これに対しAはDo you want ...? と誘っています。誘いに対する応答として，適切なのは次の1, 2, 3のどれでしょうか。

　　1　A friend taught me how.（友達がやり方を教えてくれた）
　　2　Let's practice dancing now.（今ダンスの練習をしよう）
　　3　Sorry, but not today.（ごめんね，でも今日はパス）

応答になっているのは3だけです。BのI'll be tiredという発言と合っている3が正解です。

● 疑問文をしっかり聞き取る！

（疑問文の冒頭に集中しよう！）

　最後の発言から流れに合う選択肢を選ぶのが第1部の問題形式ですが，**特に最後が疑問文の場合は，その文頭に注意しましょう**。What, When, Where, How, Why といった疑問詞の聞き分け，あるいはDo you ~? などのいわゆるYes/No疑問文との区別は非常に大切です。
　練習として次の疑問文と応答の適切な組み合わせを考えてみましょう。

(A) What does it look like?
(B) Why are there so many birds here?
(C) How many days will you need them for?

1. A lot of people give them food.
2. Oh, only for today.
3. It's silver and black.

（答え：A-3, B-1, C-2）

予想問題

答えは別冊21ページ

■ 対話を聞き、その最後の文に対する応答として最も適切なものを、放送される **1**, **2**, **3** の中から1つ選びなさい。

No.1 〜 No.6

29 リスニング問題のテクニック②
第2, 3部：内容一致選択

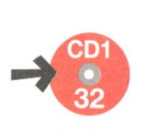

リスニング第2, 3部

第2部は会話，第3部は説明文に関して，内容に合う選択肢を選ぶ形式です。選択肢も印刷されていますから，まずは選択肢に目を通してヒントにしましょう。

	第2部	第3部
問題数	10問	10問
形式	男女2人の対話が A-B-A-B と続く。その内容に合うものを選ぶ。	文を聞き，その内容に合うものを選ぶ。個人についての説明，事物の説明，空港などのアナウンスの3種類。個人に関するものが最も多い。

第2, 3部では次の点がポイントになります。

● 選択肢をヒントにする！

例えば第2部で選択肢が

1　It was easy.　　　　　　2　His opponent played well.
3　He thanked his opponent.　4　His opponent was too weak.

の4つである場合，会話の内容はスポーツの試合結果だということが予想できます（opponent は「対戦相手」の意味）。また，選択肢2～4の代名詞から，男性プレーヤーに関する質問がなされるということもわかります。このように，**あらかじめ予想して聞くことで，聞き取りが楽になります。**

● 質問の意図をつかむ！

第2部では会話，第3部では説明文の後に質問が流れます。What, Why, How を中心に疑問詞で始まるのが基本なので，文頭の疑問詞，さらに主語（誰についての質問なのか）をしっかり聞きましょう。特に次のような問い方に注意しましょう。

☐ Why didn't [can't / isn't] ～?　（あることが起こらなかった[起きない]理由）
☐ What did A tell [ask / want] B to do?　（B にしてもらいたいこと）
☐ What is one thing ～?（内容に一致するものを1つ選ぶ）
☐ When [Where] do [did] ～?（時間・場所に関する質問）

● 前半で流れをつかむ！

第2部では2人の関係性や，誰が何をしようとしているのかを，第3部では何についての文なのか，あるいは何を目的としたアナウンスなのかをつかむようにしましょう。

次のように始まった場合，どんな場面が予想できるでしょうか。

"Dad, can I borrow your car this weekend?" "Lucy, the last time you borrowed my car, .."
（⇒親子の会話。車を借りるための交渉）
When cell phones were first introduced ...（⇒携帯電話の歴史，現在との比較）
Ladies and gentlemen, welcome to the Night Safari.（⇒サファリパーク。注意事項など）

予想問題

答えは別冊22ページ

CD1 33

■ 対話を聞き、その質問に対して最も適切なものを **1, 2, 3, 4** の中から1つ選びなさい。

No.1
1. He couldn't find it.
2. He was given bad directions.
3. It was closed.
4. He had to go back to work.

No.2
1. On the third floor.
2. On the fifth floor.
3. In the shopping mall down the street.
4. In the new building down the street.

No.3
1. She wants to be a professional jazz singer.
2. She wants to join a law farm.
3. She wants to be a piano teacher.
4. She wants to be a jazz pianist.

No.4
1. He doesn't have a phone.
2. His uncle didn't leave his number.
3. His uncle doesn't know his number.
4. He is too busy.

No.5
1. 2 o'clock tomorrow.
2. 3 o'clock today.
3. 2 o'clock yesterday.
4. 3 o'clock tomorrow.

予想問題

答えは別冊22ページ

■ 英文を聞き，その質問に対して最も適切なものを **1**, **2**, **3**, **4** の中から1つ選びなさい。

No.6
1. Her alarm clock is very loud.
2. She has several alarm clocks.
3. She goes to sleep early.
4. Her alarm clock turns on a light.

No.7
1. It was too expensive.
2. It wasn't in a very nice neighborhood.
3. It was too small.
4. It was too old.

No.8
1. To warn skiers about bad weather conditions.
2. To tell skiers that the mountain will be closing early tonight.
3. To announce that a skier has gone missing.
4. To tell skiers about a special discount on season passes.

No.9
1. Reads the paper on the train.
2. Listens to the radio.
3. Rides her bicycle to work.
4. Checks her messages.

No.10
1. During the Maya civilization.
2. During the Aztec civilization.
3. During the 18th century.
4. After World War Ⅱ.

それでは
模擬試験に
チャレンジ
しよう！

模擬試験

筆記 65 分
リスニングテスト
約 25 分
配点：すべて 1 問 1 点
答えは別冊 25 ページ

得点 　　　／75点

実際の試験は，解答用マークシートの番号をぬりつぶす形式です。この模擬試験では，解答は直接本書に書きこむなどしてください。リスニングテストは付属のCDに対応しています。CDを準備してから始めてください。

1

次の(1)から(20)の（　）に入れるのに最も適切なものを 1，2，3，4 の中から一つ選びなさい。

(1) A: Give that key ring back to me, or I will hit you. I'm (　　).
   B: Calm down, Carol. I just wanted to see this because this is so beautiful.

   1 neat　　**2** diligent　　**3** serious　　**4** complete

(2) A: Kate, are you reading a science book? Is it interesting?
   B: Yes. This book is now very popular and (　　) well.

   1 rising　　**2** lying　　**3** selling　　**4** increasing

(3) Among several Italian restaurants in the town, Brenda likes Supremo best. She goes there with her family (　　).

   1 simply　　**2** honestly　　**3** rarely　　**4** frequently

(4) A: The clothes in this shop are mostly inexpensive, aren't they?
   B: Yes, but they are not very good (　　).

   1 habit　　**2** quality　　**3** source　　**4** article

(5) The (　　) that the president made last night surprised the people, because he revealed that he is going to resign for health reasons.

   1 custom　　**2** statement　　**3** invitation　　**4** excuse

(6) A: What is your (　　) in studying in England?
   B: Well, my grandmother was from London, so I wanted to see her country.

   1 purpose　　**2** influence　　**3** cause　　**4** effect

(7) Ellie is worried about her father because he has been in bed with a bad cold since last week. She hopes that he will (   ) soon.

   1 recover   **2** hire   **3** punish   **4** exclude

(8) There are several things to do to stay in good (   ). For example, getting enough sleep every day is very important for our health.

   1 rest   **2** shape   **3** pattern   **4** signal

(9) During the heavy rain last night, the roof of Ben's house began to leak. He thinks he can (   ) it by himself, but his wife doesn't expect much of him.

   1 avoid   **2** decorate   **3** repair   **4** lend

(10) The news that a 12-year-old girl saved a dog from drowning spread quickly across the country. The girl, Emma, was (   ) for her courage.

   1 praised   **2** allowed   **3** hired   **4** removed

(11) Pointing at the two spiders, Jim's teacher said "They are (   ) each other in appearance, but one is poisonous and the other is not."

   1 apart from   **2** similar to   **3** tired of   **4** used to

(12) Tom has been training very hard because he is going to take part (   ) the triathlon held in Okinawa next month. He aims to finish in the top 20.

   1 on   **2** for   **3** with   **4** in

(13) *A:* Guess who I (   ) in the mall, today. Bob and his girlfriend!
    B: Did you? They are getting married soon, aren't they?

   1 came across   **2** took after   **3** got over   **4** looked up to

(14) Ms. Morgan's only wish was that her two sons, who lived in Tokyo, would come to see her in San Mateo. It (   ) on her 70th birthday.

   1 took off   **2** got lost   **3** looked down   **4** came true

(15) Sitting on her bike, Doris was about to leave for the dentist when it began raining. As a cautious person, she decided to go there on foot (   ) by bicycle.

1 according to   **2** with care   **3** instead of   **4** by all means

(16) Mark was 10 years old when he watched firefighters trying to (   ) a fire on TV, and was impressed by their bravery. Since then, he has wanted to become one of them.

1 break out   **2** put out   **3** keep up   **4** make up

(17) A: Do you think I should go to college? Mom says I should, but I don't know if I want to.
B: It's all (   ) you, but if I were you, I wouldn't.

1 by far   **2** up to   **3** no longer   **4** on the way to

(18) A: Did you go to see the movie with Joe yesterday?
B: Yes, it was pretty exciting. Joe didn't like it, (   ).

1 as   **2** either   **3** while   **4** though

(19) When Nicole, who is fluent in Japanese, is asked how she learned Japanese, she always answers that she was absorbed (   ) Japanese anime when she was a child.

1 in   **2** with   **3** by   **4** to

(20) The motor race took place in the rain, and as a result, two-thirds of the cars couldn't finish the race. Fred thought it should have (   ).

1 be canceling   **2** being canceled
3 been canceling   **4** been canceled

2

次の六つの会話文を完成させるために，(21)から(28)に入るものとして最も適切なものを **1，2，3，4** の中から一つ選びなさい。

(21) *A*: Hey Harry, I saw you while you were at the gym on Wednesday. Is that when you usually go?
B: No, I usually go on weekends. Do you normally go on Wednesday?
A: Usually, yes. (**21**)
B: Yeah, sure. It would be nice to have a workout partner.
 1 Would you like to join me next week?
 2 How much do you pay to go?
 3 How many times do you go a month?
 4 When did you start exercising there?

(22) *A*: Would you like to watch a movie tonight, Erika?
B: I'm not sure if I can. I have a lot of homework, so (**22**)
A: Don't worry. The movie I rented is only an hour long.
B: In that case, let's watch it.
 1 I checked out these books.
 2 I already reserved a room.
 3 I wonder what it is like.
 4 I don't have much time.

(23) *A*: Your hair looks great Barbara. Did you just get it cut?
B: Yes, just yesterday. I had my monthly visit to my hair stylist.
A: I need to go soon, but (**23**)
B: You should get your hair cut at my salon. They always have open times.
 1 you seem too busy to go after work.
 2 my hair is too short to cut right now.
 3 my salon never has any openings.
 4 it's more expensive than I expected.

(24) *A*: Hello, I need some paint to paint my office.
B: Of course. (**24**)
A: I want the room to look elegant and modern, so I thought about maybe light blue or silver.
B: I think we have some colors that will be perfect for you.
 1 Where is your office?
 2 When will you need it?
 3 What color will you need?
 4 How often do you paint your room?

A: It looks like the hotel here provides excursions for guests. They have a whole pamphlet here.
B: Oh, what are the options for activities?
A: It looks like there are a lot. We can scuba dive, hike or get a massage.
B: A massage (**25**). I'd like something more exotic.
A: You're right. What do you think about scuba diving then?
B: That sounds like fun. Would you like doing that, too?
A: As long as (**26**) I'll be fine.
B: I think the water will be nice and warm, so it should be fine.

(25) **1** wouldn't take very long.
2 starts in the evening.
3 would be my first choice.
4 is something I could do at home.

(26) **1** my sister gets here before we leave,
2 the water's not too cold,
3 they teach you how to swim,
4 they provide the equipment,

A: I heard you were going camping this weekend. Is that true?
B: Yes, that's right. I'm very excited about going. It's actually going to be my first time ever.
A: Oh really? That sounds dangerous if you've never done it. Are you sure you'll be alright?
B: Yeah, especially since (**27**)
A: Oh, does he go camping a lot?
B: Yes, all the time. He knows all about setting up tents and starting fires. He is also very good at (**28**)
A: That sounds tasty. I hope you have a good time on your trip.
B: I will, thanks.

(27) **1** I'm going with my brother.
2 I'm buying a lot of food.
3 I'm taking my car with me.
4 I'm reading a lot of camping books.

(28) **1** reading maps.
2 catching and cooking fish.
3 finding rare plants and animals.
4 using a first-aid kid.

3

次の英文がそれぞれ完成した文章になるように，その文意にそって(29)から(33)までの 1 から 5 を並べ替えなさい。そして2番目と4番目にくる最も適切なものを一つずつ選びなさい。ただし，(　)の中では文頭にくる語も小文字で示してあります。

(29) A: I haven't seen your father recently. How is he?
B: He's fine. It has been almost a year (　　).

1 illness　　2 he has　　3 over his
4 gotten　　5 since

(30) A: Have you finished your report yet?
B: Yes, I have. I would be still working on it (　　) your advice.

1 not　　2 been　　3 it had
4 for　　5 if

(31) Yoko got her first camera from her father when she was eight. She (　　) he hadn't given her the camera.

1 become　　2 wouldn't　　3 if
4 a photographer　　5 have

(32) A: Do you know anybody who likes dogs? Steve is looking for someone who (　　) he is away next week.
B: Maybe, Louise can. I will ask her.

1 dog while　　2 after　　3 can
4 his　　5 look

(33) Before boarding their airplane, passengers have to go through (　　) checked.

1 are　　2 security checkpoint　　3 where
4 a　　5 all their belongings

4 A

次の英文 [A], [B] を読み, その文意にそって(34)から(38)までの（ ）に入れるのに最も適切なものを 1, 2, 3, 4 の中から一つ選びなさい。

Vinny's Collection

Vinny collects postcards. Whenever he travels, he always brings home a lot of postcards to add to his collection. When his friends and family travel, they always make sure to (34) Vinny postcards. Vinny always appreciates them, and adds them to his binders. He organizes his postcards based on what cities and countries they are from. He has even bought some old postcards from historic events like world fairs and sporting events.

One day Vinny was searching online for postcards when he found another collector who was selling his entire collection. There were a lot of rare and (35) cards in it. However, the other collector didn't want to pay for shipping the collection. Vinny had to drive over 200 kilometers to pick up the postcards. He didn't mind though, since the collection had so many prized cards. He even bought another postcard while he was visiting the city.

(34) **1** read **2** borrow **3** throw **4** send

(35) **1** inexpensive **2** boring **3** valuable **4** large

4 B

The Flu Shot

Every year doctors recommend that everyone get a flu shot. This shot prevents you from catching the flu. That also means that you won't give the flu to anyone. For many people, catching the flu can be unpleasant, but it usually only lasts a week or so. For some people, however, the flu can be much more (36). Around half a million people die each year from the flu. That's why it is so important to prevent the flu from spreading.

Many other vaccines only need to be taken once. Diseases such as measles* can be prevented by only one shot received as a child. The flu is different, since you need to get a new shot every year. The reason for this is that there are many different types of flu viruses. Also, these types of flu (37) all the time. The flu you get this year could be different from the flu you got a shot for last year. Since the flu is always changing, the shot needs to change as well. Each new flu shot is meant to protect against the types of flu that will be widespread this year.

Scientists and doctors have to figure out which flu types will be most common for a year. Only two or three types of flu can be prevented with a flu shot. Usually the experts (38) correctly and many people are saved from the disease. Sometimes, however, they guess wrong and more people get the flu than usual. That's why governments and scientists spend so much money trying to research what shot to make each year.

*measles: はしか

(36) **1** right **2** previous **3** slow **4** serious
(37) **1** grow **2** change **3** open **4** run
(38) **1** predict **2** write **3** follow **4** organize

5 A

次の英文［A］，［B］の内容に関して，(39)から(45)までの質問に対して最も適切なもの，または文を完成させるのに最も適切なものを 1，2，3，4の中から一つ選びなさい。

From: Stephanie Gaynor <sgaynor@hotline.com>
To: Patricia Klepek <pklepek@scoopsnews.com>
Date: November 13, 2015
Subject: Dinner at mom's house

Dear Patricia,
I'm so happy we're going to see each other in two weeks. It's been so long since I've been to Chicago. I'm looking forward to seeing everyone. Make sure to tell mom thank you for hosting Thanksgiving dinner this year. I always love having her homemade turkey.
I was wondering if you wanted us to bring anything from Portland. I know some of your kids like the berry candies you can buy only here. Write back and let us know what snacks you would like. Remember that we're going to be flying to Chicago, so we'll only have room for a few things in our bags.
Thanks for your offer to let us stay with you during the holidays. However, I think we should stay in a hotel during our time there. We recently learned that our daughter Samantha is allergic to cats. You have cats, so we won't be able to stay with you. Hopefully we'll be able to find a hotel for the holidays on such short notice. I'm sad that means we'll spend less time together, but hopefully we'll find the time to chat.
See you soon,
Stephanie

---

(39) Stephanie is going to Chicago to
 1 meet her friends from high school.
 2 celebrate Thanksgiving Day.
 3 host an annual town meeting.
 4 teach her sister how to cook turkey.

(40) What does Stephanie ask Patricia?
 1 If Patricia wants her to bring anything.
 2 If Patricia wants to stay at her house.
 3 If Patricia knows where to eat in Chicago.
 4 If Patricia knows when dinner starts.

(41) Stephanie says they aren't going to stay at Patricia's house because
 1 Patricia doesn't like chatting till late at night.
 2 Patricia has pet animals that Stephanie' daughter is allergic to.
 3 Stephanie will be too busy looking after her children to host a dinner party.
 4 Stephanie has found a comfortable hotel for her to stay at during the holidays.

The Poker Boom

Around the years of 2003 to 2006, there was a great increase in popularity of the game of poker in the United States. Poker is believed to have been invented in the United States in the early 1800s, and has always been somewhat popular across the country. It was closely associated with cowboys and the old steamboat casinos in the South. However, it wasn't until 2003 that poker really took off.

One of these reasons was the invention of online poker. As more people got the Internet in the late 1990s, more people were able to play poker with other people. In the past, people would have to go to casinos to play, and these casinos were only in certain parts of the country. It means that only people who lived around casinos or could afford to travel to them could practice poker. However, once anyone with the Internet could play poker, more people became good at poker. With more people becoming skilled, more and more people joined national poker tournaments.

Another reason poker became popular was that it started being shown more on television. Poker was sometimes shown on television in the past, but it wasn't very exciting. Since no one knew what cards the players had, it was hard for the television announcers to talk about what was going on. When new, smaller cameras were put inside the tables at poker tournaments that allowed the audience to see what cards the players held, the game became more interesting. Also, around the time poker began getting more popular, the United States' hockey league went on strike. Since the sports channels couldn't show hockey games, they filled the time with poker tournaments.

Poker seems a little less popular now, but you can still see tournaments on television, and online poker still draw lots of players.

(42) Poker is said
1 to have been always popular since it was invented in 2003.
2 to have gained popularity especially among cowboys in the 1800s.
3 to have been created in the U.S. in the early 19th century.
4 to have been a game people could enjoy only on a steamboat.

(43) What prevented people from practicing poker before online poker was created?
1 Players had to go to casinos.
2 The rules changed frequently.
3 There were a lot of strategies to learn.
4 Many casinos were closed down.

(44) Poker on television in the past wasn't interesting because
1 there were only a few skilled players.
2 there were no announcers during tournaments.
3 most peopled didn't know the basic rules of poker.
4 viewers couldn't see players' cards and follow their strategy.

(45) What effect did the hockey strike have on poker?
1 Some hockey players became poker players.
2 It made more time for poker to be shown on television.
3 Hockey stadiums were used for poker tournaments.
4 People traveled to casinos instead of going to hockey games.

準2級リスニングテストについて

❶ このリスニングテストには，第1部から第3部まであります。

◆英文はすべて一度しか読まれません。

第1部	対話を聞き，その最後の文に対する応答として最も適切なものを，放送される**1，2，3**の中から1つ選びなさい。
第2部	対話を聞き，その質問に対して最も適切なものを**1，2，3，4**の中から1つ選びなさい。
第3部	英文を聞き，その質問に対して最も適切なものを**1，2，3，4**の中から1つ選びなさい。

❷ No. 30 のあと，10秒すると試験終了の合図がありますので，筆記用具を置いてください。

第1部

No. 1～No. 10（選択肢はすべて放送されます）

第2部

No. 11
1. He has a friend in Utah.
2. He has no plans for vacation.
3. He enjoys rock climbing.
4. He is the woman's brother.

No. 12
1. Wait for the man to finish work.
2. Walk home in the rain.
3. Help him finish his work.
4. Talk with her sister on the phone.

No. 13
1. He was watching television.
2. He was fixing the window.
3. He was suffering from a bad cold.
4. He was cleaning the room.

No. 14
1. If the woman knows the client's name.
2. If the woman had mailed the documents.
3. If the woman can work late tonight.
4. If the woman received a message from him.

No. 15   1   Play old songs.
           2   Sell old clothes.
           3   Get new clothing.
           4   Look for expensive stores.

No. 16   1   He has his birthday today.
           2   He is late for an appointment.
           3   He hasn't eaten at this restaurant.
           4   He has an allergy.

No. 17   1   To tell the man about her new address.
           2   To let the man know she is available on Tuesday.
           3   To ask when her garbage is collected.
           4   To move into a new place.

No. 18   1   She doesn't like the taste.
           2   It keeps her awake.
           3   It's too expensive.
           4   There's a sale on juice.

No. 19   1   If she could go to the beach.
           2   If she could stay up late.
           3   If she could take her friends.
           4   If she could eat dessert right now.

No. 20   1   Ask some questions about the class.
           2   Explain why she will be absent.
           3   Give the assignment to the student.
           4   Revise the essay the student wrote.

第 3 部

No. 21 1 It doesn't have any relation with any other languages.
         2 It used to be spoken by many people in Europe.
         3 It is one of the oldest languages in the world.
         4 It has more native speakers than French or Spanish.

No. 22 1 He works at the college library.
         2 He has his own radio program.
         3 He enjoys singing in front of other students.
         4 He has never listened to old rock music.

No. 23 1 She thinks it's very big and heavy.
         2 She's afraid of damaging it.
         3 She prefers her old knives.
         4 She is worried about missing it.

No. 24 1 To announce the starting order.
         2 To tell how to sign up for the race.
         3 To explain about the route the race will take.
         4 To divide the racers into four groups.

No. 25 1 They cook meals for the friends.
         2 They will pay money to their friends.
         3 They look after their baby.
         4 They are thankful for their friends' generosity.

No. 26 1 It didn't have enough female players.
         2 It was too expensive to join the team.
         3 It kept losing games for the first few years.
         4 It had many members who couldn't play in games.

No. 27 1 He returned it to the store.
         2 He kept it in his bedroom.
         3 He had it repaired.
         4 He gave it to his grandmother.

No. 28 1 A sale the store is running.
         2 Recipes for the food the store sells.
         3 The opening hours of the store.
         4 A rise in the prices of seafood.

No. 29   1   Invite his friends to dinner.
    2   Go jogging with his friends.
    3   Create board games with his friends.
    4   Have a game party with his friends.

No. 30   1   They think windmills are too loud.
    2   They think windmills look ugly.
    3   They think windmills will pollute the air.
    4   They think windmills will ruin the local ecosystem.

模擬試験
おつかれさまでした。
次ページからは
二次試験対策だよ！

二次面接試験の流れ

　一次試験合格通知がくると、次に待っているのが二次試験（面接）です。英検準2級の二次試験は面接委員と受験者の1対1で、すべて英語で行われます。所要時間は約6分です。

　面接試験がどのように行われるのか、おおまかな流れを確認しておきましょう。

（面接委員の指示などの英語表現はひとつの例です。実際の試験では表現が異なる場合がありますので注意してください。）

①入室〜着席

・入室したら、面接委員に対して Hello. や Good morning[afternoon]. のようにあいさつをしよう。

・面接委員から Can I have your card? のように指示されるので、Here you are. などと言いながら「面接カード」を手渡す。

・Please have a seat. のように指示されたら、Thank you. などと応じて着席しよう。

②名前・受験級の確認

・面接委員に名前をたずねられるので、My name is 〜. で答えよう。また、これが準2級テスト（the Grade Pre-2 test）であることも念のため確認される。

・名前と受験級の確認が終わると、How are you? などの簡単な質問（あいさつ）をされるので、落ち着いて I'm fine, thank you. などと応じよう。

③問題カードの黙読

・面接委員から、英文とイラストが印刷された「問題カード」が1枚だけ手渡されるので、Thank you. などと応じて受け取ろう。

・Please read the passage silently for 20 seconds.（20秒間、英文を声に出さずに読みなさい）のように指示されたら、問題カードの英文を20秒間で黙読する（このあとの音読に備えて、ここで英文の意味をしっかり理解しておこう）。

114

④問題カードの音読

- Now, please read it aloud.（では，声に出して読みなさい）のように指示されたら英文を音読する。英文の内容が面接委員に正確に伝わるように，意味のまとまりを意識して読むように心がけよう。
- 発音だけでなく，「意味を理解したうえで読んでいる」ことが面接委員に伝わるかどうかがポイント。

⑤質問に答える

- 音読が終わると，面接委員からの質問に移る。
- 質問には，主語と動詞のある完全な文で答える必要がある。
- 質問がよく聞き取れなかったときは，間をおかず，すぐに I beg your pardon? と聞き返そう（同じ質問を繰り返し聞き返すと減点の対象になるので注意）。

--- 質問の内容 ---

◆ No. 1…問題カードの英文（passage）の内容についての質問

◆ No. 2 と No. 3…問題カードのイラストの展開説明

※ No.1 の質問に答えるときは，問題カードを見てもかまわない。

※ No.3 の質問に答え終わると，Now, Mr. / Ms. ～ , please turn over the card.（では，～さん，問題カードを裏返してください）のように言われるので指示に従う。

このあとの質問は，カードを使って答えるものではなく，あなた自身のことをたずねるものになるので注意。決まった答えがあるわけではないので，自分自身のことを自由に答えればよい。適切な英語で答えることができるかどうかが評価される。

◆ No. 4 と No. 5…日常生活の一般的な事柄に関する受験者の意見についての質問

※最後の No.4 と No.5 は，2つの質問からなる「ペア・クエスチョン」という形式。1つ目の質問に対するあなたの答えを受けて，さらに理由などが質問されるので注意しよう。

⑥問題カードの返却，退室

- 質問が終わると，面接委員から Could I have the card back, please? のように問題カードの返却を指示されるので，Here you are. などと言ってカードを返却する。
- 退室を指示されたら，Thank you very much. のようにお礼を述べ，Goodbye. と別れのあいさつをして退室しよう。

面接の練習をしてみよう！

　試験の流れをつかんだら，ＣＤを使って，本番のつもりで「こんなふうに出る！」面接練習カードＡ，Ｂに挑戦してみましょう。

〈やり方〉
① まだ英文は読まずに，トラック番号を合わせてＣＤを再生します。「20秒間黙読してください」という面接委員の指示（英語）が読まれますので，再生状態のままで黙読してください。
② 20秒のポーズ（空白）のあとで，ＣＤから音読するように指示があります。音読の指示があったら，ＣＤは再生状態のままで音読してください。
③ 約20秒のポーズのあと，面接委員の質問が読まれるので，声に出して質問に答えていきましょう。

例 こんなふうに出る！　面接練習カードＡ

Movies

The number of cinema complexes is increasing. You can usually find a multi-screen movie theater near a major train station. Movie theaters are usually air-conditioned and have very comfortable seats, so people can spend a very nice time there. You can also enjoy some drinks and snacks in the theater.

(A)　　　　　　　　　　　　　(B)

例 こんなふうに出る！　面接練習カードB

Digital Television

These days, digital television allows the audience to participate in a TV program more easily. People can answer a quiz or express their opinions at home. All they have to do is just choose a button on a remote controller and press it. With further progress, watching TV may become even more enjoyable in the future.

(A)　　　　　　　　　　　(B)

★終わったら，読まれた質問と解答例を確認しましょう。また，ＣＤの最後に英文の読み方の例が入っているのでチェックしておきましょう。

面接練習カードＡ　／　面接練習カードＢ

〈注意〉
・面接委員の指示の英語表現は，実際の試験ではＣＤと異なる場合がありますので注意してください。
・質問と質問の間のポーズ（空白）の長さは，実際には一定ではありません。
・No.4とNo.5（ペア・クエスチョン）の2番目の質問は，実際には，1番目の質問に対する受験者の答えによって変化します。
・実際の問題カードはカラーで印刷されています。試験で使用されるのは1枚だけです。

　面接試験で評価されるのは，英語の正しさや発音のよさだけではありません。入室の瞬間から退室まで，面接委員とコミュニケーションをはかろうとする意欲や態度（アティチュード）も評価されます。面接委員の目を見て話すことも大切です。下を向いて小声で話したり，ずっと黙ってしまったりすると減点される可能性もあるので注意しましょう。

面接練習カード A 読まれた質問と解答例

> **映画**
> シネマ・コンプレックスの数が増えています。たいていの場合，主要な電車の駅の近くで複数のスクリーンがある映画館を見つけることができます。映画館はエアコンがきいていて，とてもすわり心地のよいシートがあるのが通例なので，人々はそこでとても素敵な時間をすごすことができます。さらに館内で飲み物やスナックを楽しむこともできます。

No. 1 According to the passage, why can people spend a very nice time in the movie theaters?
— Because they are usually air-conditioned and have comfortable seats.

パッセージによると，なぜ人々はとても素敵な時間を映画館ですごすことができるのですか。
— なぜなら，エアコンがきいていて，とてもすわり心地のよいシートがあるのが通例だからです。

No. 2 Now, please look at the people in Picture A. They are doing different things. Tell me as much as you can about what they are doing.
— A woman is buying a ticket.
— A boy is carrying popcorn.
— A man is looking at the schedule.
— A woman is mopping [cleaning] the floor.
— Two girls are talking to each other.

では，A のイラストの人たちを見てください。彼らは別々のことをしています。彼らがしていることについてできるだけ教えてください。
— 女性がチケットを買っています。
— 少年がポップコーンを運んでいます。
— 男性がスケジュールを見ています。
— 女性が床をモップがけ［掃除］しています。
— 2 人の女の子がお互いに話をしています。

No. 3 Now, look at the man wearing glasses in Picture B. Please describe the situation.
— The man needs to show his ticket, but he cannot find it anywhere.

では，B のイラストのめがねをかけている男性を見てください。状況を説明してください。
— 男性はチケットを見せる必要がありますが，どこにも見つかりません。

No. 4 Do you think it is essential to live abroad in order to learn a foreign language?
Yes. → Why? No. → Why not?
— Yes. The learning environment is very important. If we live abroad, we can understand the foreign language more quickly and deeply.
— No. Now there are a variety of ways to learn a foreign language, and living abroad is only one of them. After all, motivation is most important.

外国語を学ぶのに，海外で生活することは必要不可欠だと思いますか。
（はい）なぜですか。（いいえ）なぜですか。
— はい。学習環境はとても大事です。海外に住めば，その外国語をもっと早く，深く理解することができます。
— いいえ。現在では外国語を学ぶさまざまな方法があって，外国に住むのはそのうちの 1 つにすぎません。結局のところ，モチベーションが最も大事です。

No. 5 Today, more and more people are using the Internet to buy food. Do you think it is a good idea?
Yes. → Why? No. → Why not?
— Yes. It saves you a lot of time. Also, you don't have to carry heavy groceries.
— No. Food is important, so we should examine it at the store before buying.

今日では，ますます多くの人々が食物を買うためにインターネットを利用しています。それはよい考えだと思いますか。
（はい）なぜですか。（いいえ）なぜですか。
— はい。そのおかげでたくさんの時間を節約することができます。さらに，重い食料品を運ぶ必要がありません。
— いいえ。食べ物は重要なので，購入する前に店で確かめるべきです。

面接練習カードB　読まれた質問と解答例

> ### デジタルテレビ
> 最近では，デジタルテレビのおかげで人々はテレビ番組にもっと簡単に参加することができきます。人々は自宅でクイズに答えたり，自分の意見を表したりすることができます。そのためにしなければならないことは，ただリモコンのボタンを選んで押すだけです。さらに進歩すれば，テレビを見ることは将来さらに楽しくなることあるかもしれません。

No. 1 According to the passage, how can people participate in a TV program?
― By just choosing a button on a remote controller and pressing it.

パッセージによると，人々はどのようにしてテレビ番組に参加することができますか。
― ただリモコンのボタンを選んで押すことによってです。

No. 2 Now, please look at the people in Picture A. They are doing different things. Tell me as much as you can about what they are doing.
― A boy and a girl are watching TV.
― An old woman is listening to music.
― A woman is talking on the phone.
― A boy is using a smartphone.
― A man is doing [washing] the dishes.

では，AのイラストⅠの人たちを見てください。彼らは別々のことをしています。彼らがしていることについてできるだけ教えてください。
― 少年と少女がテレビを見ています。
― お年寄りの女性が音楽を聞いています。
― 女性が電話で話しています。
― 少年がスマートフォンを使っています。
― 男性が食器を洗っています。

No. 3 Now, look at the man in Picture B. Please describe the situation.
― The man's favorite program will start soon, but the battery in the remote controller is dead, so he cannot turn on the TV.

では，Bのイラストの男性を見てください。状況を説明してください。
― 男性の好きなテレビ番組が間もなく始まりますが，リモコンの電池が切れているので，彼はテレビをつけることができません。

No. 4 Do you sometimes cook meals at home?
Yes. → **Please tell me more.**
No. → **Why not?**
― Yes. I sometimes make curry and rice for my family on weekends.
― No. I'm busy studying, so I don't have time to cook.

あなたはときどき自宅で料理をしますか。
（はい）もっと教えてください。
（いいえ）どうしてですか。
― はい。私はときどき，週末に家族のためにカレーライスを作ります。
― いいえ。私は勉強が忙しいので，料理をする時間がありません。

No. 5 These days, CDs are becoming less popular than before. Do you buy CDs?
Yes. → **Please tell me more.**
No. → **Why not?**
― Yes. CDs often have additional tracks or special items that can be gained only by buying CDs.
― No. I use an MP3 player, so it is more convenient to download music from an online store.

最近では，CDは以前よりも人気がなくなっています。あなたはCDを買いますか。
（はい）もっと教えてください。
（いいえ）どうしてですか。
― はい。CDにはCDを買わないと手に入らない追加のトラックや特別アイテムが付いていることがよくあります。
― いいえ。私はMP3プレーヤーを利用しているので，オンライン・ストアから音楽をダウンロードするほうが便利です。

制作スタッフ

ブックデザイン	山口秀昭（Studio Flavor）
イラストレーション	坂木浩子（本文），ムラタユキトシ（二次面接試験）
英文校閲	Kathryn A. Craft
編集協力	株式会社　シー・レップス
英文執筆協力	Johnny Driggs
CD録音	一般財団法人　英語教育協議会
CDナレーション	Jack Merluzzi, Rachel Walzer
CDプレス	東京電化株式会社
データ作成	株式会社　シー・レップス
印刷所	株式会社　リーブルテック

解答と全文和訳

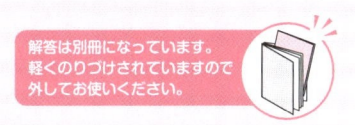

◆ 出題された英文についてはすべて日本語の意味を示しています。問題を解いたあとに，確認しましょう。

01 準2級の重要名詞①
21ページ

(1) **1**　(2) **4**　(3) **2**　(4) **3**
(5) **4**　(6) **1**

解説 (1) 今日の朝刊にあった地球温暖化についての記事を読みましたか。
▶ **1**「記事」，**2**「許可」，**3**「位置」，**4**「著者」。「朝刊」，「地球温暖化について」などのキーワードから，空欄には「記事」が入ることがわかります。

(2) スティーブ，急がないと，歯医者の予約に間に合わないよ。
▶ **1**「事故」，**2**「約束」，**3**「受付係」，**4**「予約」。医者と会うための「予約」を表す語を選びます。

(3) リサは努力したにもかかわらず，プロジェクトを終わらせることができませんでした。
▶ **1**「性質」，**2**「努力」，**3**「癖」，**4**「製品」。in spite of ~「~にもかかわらず」という文脈に合うものを選びます。

(4) 言い訳するのはやめなさい。なぜ，ただ「ごめんなさい」と言わないの？
▶ **1**「決断」，**2**「謝罪」，**3**「言い訳」，**4**「声明」。「なぜ謝らないのか」と言われていることから，「言い訳」を選びます。

(5) いつか太陽光発電が，最も一般的なエネルギー源として，石油や石炭に代わるかもしれません。
▶ **1**「始まり，由来」，**2**「市場」，**3**「慣習」，**4**「源」。エネルギー源は source of energy と言います。**1** origin も「源」と訳されることがありますが，これは「源流，起源」の意味です。

(6) 中東へは行ったことがないので，その地域への旅行をとても楽しみにしています。
▶ **1**「地域，地方」，**2**「場所，立地」，**3**「表現」，**4**「環境」。the Middle East「中東」を言い換えた場合，「あるものの場所，所在地」を表す location ではなく「地域」を表す region が適切です。

02 準2級の重要名詞②
23ページ

(1) **4**　(2) **1**　(3) **3**
(4) **3, 5**　(5) **5, 4**

解説 (1) 新しいカーナビのおかげで，ダンは道が込んでいたにもかかわらず時間内に目的地まで行くことができました。
▶ **1**「追加」，**2**「(in case of ~ で) ~の場合」，**3**「精神」，**4**「(in spite of ~ で) ~にもかかわらず」。in spite of ~ は熟語として覚えましょう。

(2) ローラはここのところ調子がよいみたいです。早起きして，よく食べ，定期的に運動をしています。
▶ **1**「(in shape で)調子がよい」，**2**「(in charge で)責任者である」，**3**「(in distress で)苦悩している」，**4**「(in question で)問題とされている」。「体の調子がよい」の意味を表す in shape を覚えておきましょう。

(3) スティーブはめったに怒らないし，誰のことも責めません。彼は我慢強い人です。
▶ **1**「才能」，**2**「感情」，**3**「我慢」，**4**「重要性」。〈of + 抽象名詞〉は形容詞の役割を果たします。a man of ~「~な人」

(4) 私は相当な数の生徒が同じ間違いをしたことに驚きました。I was surprised (that a number of students made the same mistake).
▶ a number of ~ は「相当な数の~」の意味です。same で「同じ~」と言うときには，前に the がつきます。

(5) 箱は重そうに見えましたが，彼はそれを軽々と持ち上げました。The box looked heavy, but he (lifted it up with ease).
▶ lift up ~ の目的語が代名詞の場合，語順は lift up it ではなく，lift it up と it が中に入ることに注意しましょう。〈with + 抽象名詞〉は副詞の役割を果たします。with ease = easily「簡単に」

03 準2級の重要動詞①
25ページ

(1) **3**　(2) **1**　(3) **4**　(4) **1**
(5) **2**　(6) **4**

解説 (1) エリックには何年も会っていなかったので，最初はお互いのことがわかりませんでした。
▶ **1**「~を受け入れる」，**2**「~を感動させる」，**3**「~を見分ける，認識する」，**4**「~を見る，眺める」。何年も会っていなかったことから，顔が認識できなかっ

たという意味にします。
(2) パーティーは1時間後に始まります。すぐに部屋の装飾を終えなければなりません。
▶ **1**「～を飾ること」，**2**「～をもてなすこと」，**3**「～をリサイクルすること」，**4**「～のふりをすること」。パーティーの前という状況と，the room という目的語から「～を飾ること」を選びます。
(3) 今朝，車が故障して，機械工に来て修理してもらわなければなりませんでした。
▶ **1**「～を賃貸する」，**2**「～を治す」，**3**「～を共有する」，**4**「～を修理する」。壊れた車を「直す，修理する」場合は repair や fix を用います。
(4) ローラはひと月ほど風邪をこじらせましたが，先週ようやく回復しました。
▶ **1**「回復した」，**2**「～を救助した」，**3**「～を逃した」，**4**「～を育てた」。目的語を取らず，ある人の病気が治ったという意味になるものを選びます。
(5) 仕事で大失敗をしました。まさにいつクビになることでしょう。
▶ **1**「減らされる」，**2**「クビになる」，**3**「推奨される」，**4**「雇われる」。失敗したという文脈から，悪い結果になるものを選びます。be fired で「クビになる」です。
(6) キョウコが冷静に行動してみんなの避難を助けたので，消防士たちは彼女の勇気を賞賛しました。
▶ **1**「文句を言った」，**2**「～を罰した」，**3**「～を含んだ」，**4**「～をほめた」。「勇気に対して(for bravery)」や後半の内容から，よい意味の単語を選ぶとわかります。

04 準2級の重要動詞② ___27ページ

(1) 3　　(2) 2　　(3) 1
(4) 3, 5　　(5) 4, 5

解説 (1) 私たちは一緒に出発しましたが，彼があまりに速く歩いたので，ついていけませんでした。
▶ **1**「(ある状態に)留まる」，**2**「(come up with ～ で) ～を思いつく」，**3**「(keep up with ～ で) ～についていく」，**4**「つまむ」。keep up with ～ で「～に遅れずについていく」の意味です。catch up with ～「～に追いつく」も合わせて覚えておきましょう。
(2) 人工知能は我々の社会で重要な役割を担います。
▶ **1**「～を演じる，振舞う」，**2**「(play a role で) 役割を担う」，**3**「～を運ぶ」，**4**「～を生産する」。play a ～ role [part]「～な役割を担う」
(3) ペットの世話をしなければならないので，今日は出かけられません。

▶ **1**「(look after ～ で) ～の世話をする」，**2**「(take after ～ で) ～に似る，～の面影がある」，**3**「～を得る」，**4**「～を作る」。look after ～ は take care of ～ 同様「～の世話をする」の意味を表します。
(4) 雨のために試合を延期しなければなりませんでした。We (had to put off the game because) of the rain.
▶ put off ～ で「～を延期する」です。call off ～「～を中止する」と合わせて覚えましょう。
(5) これからいとこを迎えに空港に行くところです。I'm on (my way to the airport to pick up) my cousin.
▶ on *one's* way to ～ で「～へ向かう途中で」，pick up ～ は主に車で「～を迎えに行く」です。

05 準2級の重要形容詞・副詞 ___29ページ

(1) 3　　(2) 1　　(3) 3
(4) 4, 2　　(5) 3, 5

解説 (1) 深い霧のせいで視界がはっきりと見えませんでした。
▶ **1**「別々に」，**2**「ほとんど～ない」，**3**「はっきりと，明瞭に」，**4**「盲目的に」。霧が深かったという理由に合致するものを選びます。hardly はそれ自体が否定的な意味の副詞なので，否定語 not とともに使うことはありません。
(2) 正直に言って，その映画は気に入りませんでした。
▶ **1**「正直に」，**2**「狂ったように」，**3**「願わくば」，**4**「頻繁に」。honestly [frankly] speaking は，正直[率直]な意見を述べるときの決まり文句です。
(3) ほとんどお金が残っていなかったので，家までずっと歩かなければなりませんでした。
▶ **1**「(数が)ほとんどない」，**2**「(数が)少しある，多少の」，**3**「(量が)ほとんどない」，**4**「(量が)少しある，多少の」。数えられない名詞 money につけて「ほとんどない」の意味になるのは，無冠詞の little です。
(4) 彼は車を5台所有できるほど裕福です。He is (rich enough to own five cars).
▶ ～ enough to *do*「…できるほど～」。動詞 own は「～を所有する」の意味です。派生語 owner「所有者」と共に覚えましょう。
(5) フランス語で書かれたその本をほとんど理解できませんでした。I (could hardly understand the book written) in French.
▶ hardly は「ほとんど～ない」と，程度の低さを表

す否定的な副詞です。〈the book written in ＋言語〉「～語で書かれた本」

予想テスト

32ページ

(1) **1** (2) **2** (3) **1** (4) **4**
(5) **4** (6) **2** (7) **1** (8) **3**

解説 (1) ジョシュは渋滞につかまり，仕事に遅れてやって来ました。
▶ 1「遅れて」，2「早く」，3「つい最近」，4「まもなく」。渋滞につかまったという文脈に合うものを選びます。
(2) 初めて東京に来たころ，デービッドは日本の慣習についてほとんど知識がありませんでした。
▶ 1「（数が）ほとんどない」，2「（量が）ほとんどない」，3「（数が）少しある，多少の」，4「数多くの」。knowledge「知識」は数えられない名詞なので little が適切です。
(3) トムはたったの 10 歳なのに，驚くべきことにその数学の問題を簡単に解きました。
▶ 1「(with ease で)簡単に」，2「簡単な」，3「より簡単な」，4「簡単に」。品詞の問題です。with を伴って「簡単に」の意味を表すものを選びます。
(4) 次の小説のあらすじを考えていて，その作家は斬新なアイディアを思いつきました。
▶ 1「（親など）に似ていた」，2「～を尊敬していた」，3「～である役割を担った」，4「～を思いついた」。come up with ～ は hit upon ～同様，「～を思いつく」の意味です。
(5) ボブはその仕事の申し出は魅力的だと考えましたが，忙しすぎて受けられませんでした。
▶ 1「～を損なう」，2「～を拒絶する」，3「～を借りる」，4「～を受ける」。too busy to ～「忙しすぎて～できない」という文脈に合うものを選びます。
(6) 家で一人で勉強することを好む生徒もいれば，図書館で友達と一緒に勉強することを楽しむ生徒もいます。
▶ 1「他の」，2「他の人たち，～もいる」，3「もう 1 つの，別の」，4「（2 つあるうちの）他方」。Some と others を対比させて「～もいれば，…もいる」という意味を表す構文にします。
(7) ヒル氏は事業で成功するまでにさまざまな非難を耐えなければなりませんでした。
▶ 1「～を耐える」，2「～を軽蔑する」，3「～を見送る」，4「～のように感じる」。accusations「非難」という目的語に合うものを選びます。put up with ～

で「～を我慢する」という意味です。
(8) グレッグは国立科学機構で研究者として雇われました。現在は，毎日研究室で実験をしています。
▶ 1「乗客」，2「買い物客，お得意さま」，3「研究者」，4「指揮者，車掌」。lab「研究室」や experiment「実験」などから研究職と判断できます。

(9) **3 , 4** (10) **5 , 2** (11) **3 , 2**
(12) **3 , 1** (13) **1 , 3**

解説
(9) 左足を負傷していたにもかかわらず，ルーシーはついに山の頂上に到達しました。Lucy finally reached the summit of the mountain (in spite of the fact that her left leg) was injured.
▶ in spite of the fact that ... で「…という事実にもかかわらず」という意味です。
(10) 人々は，町の清掃のためにひと月に一度集まります。この活動は地域社会の他の人々と密接な関係を築くのにも役立っています。This activity also helps them (build close relationships with others in the community).
▶ relationships with ～ で「～との関係」です。others は不特定複数の「他人」を表します。
(11) その村は夏祭りで有名です。その祭りの起源は 16 世紀までさかのぼることができます。(The origin of the festival can be traced) back to the 16th century.
▶ The origin of ～ can be traced back to ... 「～の起源は…にさかのぼることができる」という意味です。
(12) ジェイムズはコンピュータ・プログラミングに長けています。しかし，ナンシーが助けを求めたとき，彼女が嫌いだからという理由で彼はそれがよくわからないふりをしました。However, when Nancy asked him for help, he (pretended to be unfamiliar with it because) he doesn't like her.
▶ pretend to be ～ で「～であるふりをする」です。形容詞 unfamiliar は後ろに with をとって「～に不慣れな」の意味を表します。
(13) ジェーンはその会議に出席するはずでしたが，気分が悪く仕事を早退したために出られませんでした。翌日，彼女は欠席したことを詫びました。The next day, (she made an apology for) her absence.
▶ make an apology で「謝罪をする」です。make an excuse「言い訳をする」と共に覚えましょう。いずれも for ～ で「～について，～のことで」の意味を表します。

06 準2級の重要前置詞・接続詞
35ページ

(1) **3**　(2) **2**　(3) **1**　(4) **4**
(5) **4**　(6) **3**

解説 (1) 友達と遊びに行ってもかまいませんが，5時までに必ず帰ってきてください。
▶ 1「～以内に」，2「～まで（ずっと）」，3「～までに」，4「～まで」。〈期限〉を示すのは by です。till [until] との区別を徹底しましょう。to は work from 9 to 5（9時から5時まで働く）のように，from と対で時間的な範囲を表すために使われます。

(2) ここが正しい部屋だと彼らがわかるように，この表示をドアにかけておきましょう。
▶ 1「（目的地）に」，2「（平面上）に」，3「（出発点）から」，4「（空間内）で」。ドアや壁，天井のような平面に何かをつける場合は on が用いられます。

(3) 訪れた人の中には壊れた階段について苦情を言う人がたくさんいました。
▶ 1「（複数の人[物]）の中に」，2「～以内に」，3「（空間）の中に」，4「～のそばに」。「～の中に」と日本語で表すことができても，必ずしも in を用いるわけではないことに注意しましょう。

(4) 雨が激しすぎたため，傘でもレインコートでも濡れるのを防ぐことができませんでした。
▶ 1「(A)と(B)」，2「(A)か(B)」，3「(人や物)と」，4「(A)も(B)のいずれでもない」。neither A nor B で両方を否定します。

(5) フランスへ行くのは初めてだったので，最も人気のある場所をいくつか見たかったのです。
▶ 1「もし…なら」，2「…するやいなや」，3「（あるもの）のために」，4「…なので」。接続詞 as には〈理由〉を示す用法があります。because of ～ は後に名詞が来るので不可です。

(6) そのショーは少し長かったけれど，十分に見る価値がありました。
▶ 1「…なので」，2「というのも…だからだ」，3「…だが」，4「しかしながら」。〈譲歩〉の意味を表す接続詞 though を選択します。however は副詞で接続詞ではないことにも注意しましょう。

07 準2級の重要熟語
37ページ

(1) **3**　(2) **1**　(3) **4**
(4) **4, 5**　(5) **3, 2**

解説 (1) 最近ニホンウナギが絶滅の危機にあると宣言されました。
▶ 1「(at last で)とうとう」，2「危険」，3「(at risk of ～で) ～の危機にある」，4「損失」。at risk of ～ は in danger of ～ とほぼ同意です。

(2) 彼のことは放っておきなさい。彼も18歳です。もはや子どもではありません。
▶ 1「もはや～ではない」，2「ぜひとも」，3「遅かれ早かれ」，4「昔々」。18歳は「もはや子どもではない」と考えられます。

(3) その製品は丁寧に扱ってください。とても壊れやすいです。
▶ 1「(with ease で)簡単に」，2「(with luck で)運がよければ」，3「お金」，4「(with care で)丁寧に」。handle ～ with care で「～を注意して扱う」という意味です。

(4) 学校へ行く途中に君のお父さんに会いました。I ran into your father (on my way to school).
▶ on one's way to [from] ～ で「～へ行く[から帰る] 途中で」という意味です。

(5) そこに時間通りに着くためにタクシーを利用しました。I took a cab (in order to arrive there on) time.
▶ in order to do で「～するために」の意味です。on time「時間通りに」と in time「時間内に」はまとめて覚えよう。

08 準2級の重要会話表現
39ページ

(1) **3**　(2) **1**　(3) **4**

解説 (1) A：キャロル，どうしたのですか。
B：曲がるところを間違えました。これは球場に行く正しい道ではありません。
A：まあ，時間はたっぷりあるので，心配しないでください。
▶ 1「家に財布を忘れました」，2「早く着きすぎます」，3「曲がるところを間違えました」，4「チケットを買わなくてはなりません」。続く発言が決め手となります。道などの「正しい」は right，「間違った」は wrong で表現します。

(2) A：デービッド，お願いしていいですか。
B：もちろんです。何ですか。
A：郵便局に行ってきてくれませんか。電話を待っていて今出られないのです。
▶ 1「郵便局に行ってきてくれませんか」，2「彼はとても親切ですね」，3「駅に行ってきます」，4「今夜は

あなたが夕食を作るべきです」。Aはその場所を離れられないので，Bにお願いしていることに注目します。〈do＋人＋a favor〉は「(人)の頼みごとをきく」の意味です。
(3) A：はい，マッキーのオフィスです。
B：もしもし，マッキーさんをお願いできますか。
A：どちらさまですか。
B：オープン・エア・インターナショナルのグレッグです。
A：ありがとうございます。少々お待ちください。
▶1「伝言を残してください」，2「マッキーさんがどうかしたのですか」，3「10分後に戻ってきてくれますか」，4「どちらさまですか」。直後に相手が名乗っていることから判断します。電話の基本的な会話表現は，必ず覚えておきましょう。

予想テスト
42ページ
(1) 1　(2) 2　(3) 1　(4) 4
(5) 3　(6) 3　(7) 4　(8) 1
(9) 2　(10) 4

解説 (1) A：壁の写真を撮ったのは誰ですか。とてもきれいですね。
B：私の兄[弟]です。写真家として働いているのです。
▶1「(平面上)の」，2「(空間内)の」，3「～から」，4「～の周りの」。壁のような平面に接触している状態は on で表します。
(2) ビリーは明日までにレポートを終わらさなければなりませんが，まだ何について書くかを決めていません。
▶1「～まで(ずっと)」，2「～までに」，3「～の」，4「(ある時間帯)に」。〈期限〉を表す by を選びます。
(3) アレンさんは素晴らしいスピーチをしました。質疑応答中に，彼は聴衆から多くの質問を受けました。
▶1「(ある期間)中に」，2「(…している)間に」，3「～にもかかわらず」，4「～として」。「(ある定められた期間)の中で」という意味の during を選択します。while は接続詞なので，後ろに名詞だけが来ることはありません。
(4) ケンとヨウコは休暇でどこに行くかについて話しています。彼らはニューヨークかロンドンのどちらかに行きたいと思っています。
▶1「～以来」，2「～もない」，3「(AとB)の両方」，4「(AとB)のどちらか」。either A or B と both A and B，neither A nor B を区別して覚えましょう。

(5) 彼は探していた古いレコードを偶然見つけました。しかしながら，それは彼が買うには高すぎました。
▶1「危機に瀕して」，2「繰り返し何度も」，3「偶然」，4「注意深く」。自然と意味が通るのは by chance です。
(6) ピーターは学校へ行く途中に交通事故を目撃しました。彼は警察と救急車にすぐに電話をしました。
▶1「～にもかかわらず」，2「(上限)まで」，3「～へ行く途中に」，4「はるかに」。直後の school とうまくつながるのは on the way to です。
(7) ジョンと彼の社員は，契約の細部を話し合うために，来週会議を開くことにしました。
▶1「しばらくの間」，2「～に従って」，3「～とは別に」，4「～するために」。会議を開く目的を表す表現を選びます。直後に動詞の原形を取れるのも in order to のみです。
(8) 強風のため，消防士たちが火を消すのに3時間かかりました。
▶1「(火)を消す」，2「(災害などが)発生する」，3「気をつける」，4「～を理解する」。「火を消す」という意味で使える put out を選択します。
(9) 彼の部署のコピー機が故障していて，ケビンは最寄りのコンビニに行かなければなりませんでした。
▶1「時間通りに」，2「故障して」，3「ぜひとも」，4「そこらじゅうで」。文脈に沿って「故障して」を意味する out of order を選択します。
(10) ブライアンは気分の悪いとき，医者に行く代わりにインターネットでアドバイスを検索します。
▶1「～という目的で」，2「～とは無関係に」，3「～の場合に」，4「～の代わりに」。ネット上のアドバイスを探すという行為と医者に会うという相反する行為をつなぎ，かつ直後に動名詞 seeing を取るものとして instead of が最適です。

(11) 1　(12) 3

解説 (11) A：静かにして。ひどい頭痛がするの。
B：薬を飲んで寝たらどう？
A：お皿を洗ったらそうするわ。
▶1「薬を飲んだら？」，2「どうしたの？」，3「普段はどれくらい寝るの？」，4「健康のために何をしますか」。直後の「寝たら？」という表現とうまく合うものを選びます。Why don't you ～？ は「～したらどうですか」と提案する表現です。
(12) A：すみません。レッドドラゴンズという名前の中国料理店を知りませんか。
B：ええ。あの信号を左に曲がれば，左手に見えますよ。
A：ありがとうございます。今は開いていると思いま

すか。
B：5時ですから，開いているはずですよ。
▶1「2つ目の角で止まってください」，2「次のバスが来るのを待ってください」，3「あの信号を左に曲がってください」，4「さらに15分歩いてください」。続けて「左手に見える」と言っていることから判断します。

09　自動詞と他動詞
45ページ

(1) 4　　(2) 1　　(3) 3
(4) 2, 3　　(5) 5, 4

解説　(1) 来月京都に行く予定です。
▶1「〜を訪れる」，2「〜を見る」，3「〜を持っていく」，4「行く」。後に〈to＋場所〉の形をとる go を選びます。
(2) 次の会議であなたの提案について討論することにしましょう。
▶1「〜について討論する」，2「話す」，3「〜を伝える」，4「〜に出席する」。1語で「〜について話し合う」の意味になる discuss を選びます。
(3) そのおもちゃが床に落ちている[横たわっている]のを見つけました。
▶1「〜を横たえている」，2「横たわった」，3「横たわっている」，4「横たえられた」。自動詞 lie と他動詞 lay を区別しましょう。ここでは，おもちゃ自体が「横たわっている」という表現になります。
(4) リサに結婚を申し込むつもりです。I'm going to (ask Lisa to marry me).
▶〈ask＋人＋to do〉「(人)に〜するようお願いする」の構文です。marry は他動詞で「〜と結婚する」の意味です。
(5) 彼は私の兄[弟]の居場所を見つけ出すために私に連絡してきました。He (contacted me in order to find out) where my brother is.
▶contact は「〜に連絡をとる」の意味の他動詞です。「〜するために」の in order to do は必ず覚えておくようにしましょう。

10　注意すべき時制
47ページ

(1) 4　　(2) 3　　(3) 1
(4) 2, 1　　(5) 5, 2

解説　(1) イングランドに帰る決心をしたとき，ジョンはニューヨークに10年住んでいました。
▶1「(一時的に)住んでいた」，2「(現時点までに)住んでいる」，3「住んだ」，4「(その時点までに)住んでいた」。イングランドに帰ることにしたのが過去なので，それまでに「10年住んでいた」は過去完了で表します。
(2) どうしてここにいるのですか。家に帰るところだって言いませんでしたか。
▶1「(今)向かっている」，2「(すでに)行った」，3「(その時)向かっていた」，4「(これから)行く」。過去の発言の中で「家に帰るところだ」と言ったと考えます。go home で「家に帰る」です。
(3) 旅行から戻りしだいレポートにとりかかります。
▶1「戻る」，2「戻った」，3「戻るつもりだ」，4「返却された」。as soon as は when, if などと同様に〈時・条件〉を表す副詞節を作るため，未来のことも現在形で表します。
(4) 私たちは彼女の電話を正午から待っています。We (have been waiting for her) call since noon.
▶「(一定期間ずっと)〜している」は現在完了進行形で表現します。
(5) 理科の先生が地球は平らではなく丸いと教えてくれました。My science teacher (taught me that the earth is round), not flat.
▶「地球は丸い」は変わらない事実なので，過去の発言内容であっても現在形で表します。

11　注意すべき受け身
49ページ

(1) 3　　(2) 3　　(3) 3
(4) 3, 4　　(5) 4, 2

解説　(1) 歴史を通じて，サッカーは「紳士の競技」と呼ばれてきました。
▶1「〜と呼んでいる」，2「〜と呼んだ」，3「〜と呼ばれてきた」，4「〜と呼んできた」。3だけが受け身の形になっています。
(2) その犬は何度も肉を盗むところを見られています。
▶1「〜を盗んだ」，2「〜を盗む」，3「〜を盗むのを」，4「盗まれるのを」。使役動詞の受け身構文では，使役動詞のあとは原形ではなく to 不定詞を用います。
(3) 昨日の試合は素晴らしかったです。チームが最終的に勝ったときにはとても興奮しました。
▶1「興奮させるような」，2「がっかりさせるような」，3「興奮している」，4「がっかりしている」。誰かが興奮していると言う場合，英語では受け身の be

excited を用います。

(4) 警察庁から彼に勲章が贈られました。A medal (was given to him by) the police department.
▶ give の受け身構文です。〈もの＋ is given to ＋人（＋ by ＋別の人）〉という語順になります。

(5) 先生のコメントに驚きました。I was (surprised at the comment made by the teacher).
▶ be surprised at, be satisfied with のように, by 以外の前置詞をとる受け身構文に注意しましょう。

12 助動詞①
51ページ

(1) **4**　　(2) **2**　　(3) **3**
(4) **5, 4**　(5) **2, 1**

解説 (1) 2人の異なる人間が全く同じ指紋を持つことはありえません。
▶ **1**「かもしれない」, **2**「べきだ」, **3**「であろう」, **4**「ありえない」。構文的にはどれもあてはまるので, 意味で考えます。「ありえない」の意味を持つ cannot を選びます。

(2) クリス, またお皿を落としたね。もっと注意するべきですよ。
▶ **1**「するだろう」, **2**「するべきだ」, **3**「してもよろしい」, **4**「してはならない」。近しい相手に指示や助言をするときに should が使われます。

(3) はるか昔, 私の兄[弟]と私はしばしばテレビのチャンネル争いをしたものです。
▶ **1**「かもしれない」, **2**「できる」, **3**「したものだ」, **4**「するべきだ」。「過去の習慣的行為」を表す would を選択します。

(4) あなたとメアリーは姓が同じなので, 2人は親戚かもしれませんね。Since you and Mary have the same family name, (you two may be related).
▶ be related で「血のつながりがある」です。

(5) 何か飲むものをくださいませんか。のどがカラカラです。(Could you give me something) to drink?
▶ give には〈give ＋人＋物〉と〈give ＋物＋ to ＋人〉の2通りの構文があります。something to drink は「飲み物」です。

13 助動詞②
53ページ

(1) **4**　　(2) **2**　　(3) **3**
(4) **3, 4**　(5) **3, 4**

解説 (1) うーん, 彼女には見覚えがあります。前に会ったことがあるかもしれません。
▶ **1**「〜に会うだろう」, **2**「〜に会うべきだ」, **3**「〜に会ったはずがない」, **4**「〜に会ったかもしれない」。過去のことに対する発言である 3, 4 のうち, 前半の「見覚えがある」と合致する 4 を選びます。

(2) ダニエル, ずっと待っていたのですよ。来ないのなら電話すればよかったではないですか。
▶ **1**「電話したかもしれない」, **2**「電話すればよかったのに」, **3**「電話するべきだ」, **4**「電話できない」。過去の行為に対して「〜すべきだったのに」とコメントするには should have 〜 を用います。

(3) 選手たちは疲弊して見えます。苦しい試合だったに違いありません。
▶ **1**「であろう」, **2**「ではありえない」, **3**「だったに違いない」, **4**「であったとは限らない」。過去のことを「〜だったに違いない」と推定する〈must ＋完了形〉を選択します。

(4) あなたはそのようなひどいことを言うべきではありませんでした。You (ought not to have said) such a terrible thing.
▶ ought to *do*「〜すべき」の否定形は ought not to *do* です。

(5) サシャがこの猫の飼い主だったはずはありません。彼女は猫アレルギーです。Sasha (cannot have been the owner of) this cat.
▶〈cannot ＋完了形〉で「〜だったはずはない」の意味を表します。

14 助動詞③
55ページ

(1) **1**　　(2) **2**　　(3) **4**
(4) **2, 3**　(5) **2, 5**

解説 (1) その牛乳は2カ月前のです。飲まないほうがいいですよ。
▶ **1**「しないほうがよい」, **2**「する必要はない」, **3**「するべきだ」, **4**「かつてしたものだ」。had better not は「しないほうが身のためだ」といった強い助言をする際に使う表現です。

(2) 君が彼女にしたことはひどいですね。彼女が怒るのも当然です。
▶ **1**「ありえない」, **2**「当然だ, おおいにありえる」, **3**「したい」, **4**「するべきでない」。may well は「ありえる」を意味する may の強調で,「当然だ」という意味を表すために使われます。

(3) このお金を今使うよりは，むしろ将来のために貯めたい。
▶ 1「かもしれない」，2「する」，3「するかもしれない」，4「(would rather で)むしろ〜したい」。would rather A than B で「B よりむしろ A したい」という意味を表します。
(4) 彼女のおいしいクッキーを食べずにはいられませんでした。I (could not help eating her) delicious cookies.
▶ can not help doing で「〜せずにはいられない」の意味を表します。
(5) 歩いても同じくらいの時間がかかります。次のバスを待つのと同じことです。(We might as well wait) for the next bus.
▶ might as well はある選択肢に対して「どのみち同じことですから」と別の案を提示する際に使う慣用表現です。

15 仮定法①
57ページ

(1) **3**　　(2) **4**　　(3) **2**
(4) **3, 1**　(5) **4, 1**

解説 (1) もし答えを知っていたら，あなたに教えます。
▶ 1「できる」，2「する」，3「(仮定法で)するだろう」，4「これからする」。実際には答えを知らないために仮定法になっています。仮定法では主節に助動詞の過去形を用います。
(2) 私が来ることを彼が知っていたなら，彼は出かけなかったでしょう。
▶ 1「知っている」，2「(過去に)知っていた」，3「(これまで)知っていた」，4「(仮定法で)知っていた」。過去の事柄に対する仮定法の if 節では過去完了を用います。
(3) このバッグはとても素敵です。買えるだけのお金を持っていればなあ。
▶ 1「持っている」，2「(仮定法で)持っている」，3「持つ」，4「(仮定法で)持つだろう」。I wish は後ろに仮定法が続いて「〜であればなあ」と願望を述べる表現です。
(4) グレッグはまるで5歳児のように振舞っています。Greg is behaving (as if he were a 5-year-old kid).
▶ as if はしばしば仮定法を伴って「まるで〜であるかのように」の意味を表します。
(5) 私があなたならば，彼女を助けないでしょう。I (would not help her if I were) you.
▶ if I were you は「もし私があなただとしたら」という意味で用いる仮定法の決まり文句です。

16 仮定法②
59ページ

(1) **3**　　(2) **4**　　(3) **3**
(4) **4, 5**　(5) **1, 4**

解説 (1) 蒸気機関の発明がなかったならば，産業革命は起こらなかったでしょう。
▶ 1「〜とともに」，2「〜がなければ」，3「(but for 〜 で)〜がなければ」，4「(as for 〜 で)〜に関しては」。後ろに for を伴って「〜がなければ」の意味になる but を選びます。
(2) あなたの支援なしには，彼らは成功しなかったでしょう。
▶ 1「(if it were not for 〜 で)〜がなければ」，2「(過去から見てさらに)過去に存在した」，3「彼らがしなかった」，4「(if it had not been for 〜 で)(過去に)〜がなければ」。「〜がなければ」の慣用表現 if it were not for 〜 を過去の事柄に対して用いた場合，if it had not been for 〜 の形になります。
(3) 彼は，いわば，歩く図書館です。
▶ 1「まるで」，2「もし彼が」，3「(as it were で)いわば」，4「もしそれが」。as it were は挿入句で「いわば，まるで」の意味を表します。
(4) もし車がなければ，私たちは湖にたどり着けないでしょう。If (it were not for the car), we couldn't reach the lake.
▶ If it were not for 〜「〜がなければ」は構文として覚えておきましょう。
(5) 彼の正直さがなければ，彼女は彼を愛さなかったでしょう。(If it had not been for) his honesty, she wouldn't have loved him.
▶ 過去の事柄に対しては If it had not been for 〜「〜がなければ」を用います。

予想テスト
60ページ

(1) **4**　(2) **3**　(3) **4**　(4) **1**
(5) **2**　(6) **2**　(7) **3**　(8) **2**
(9) **4**　(10) **1**　(11) **4**　(12) **3**
(13) **2**

解説 (1) 赤ちゃんが腕の中で眠ったので，母親は彼

を優しくベッドに横たえました。
▶1「横たわる」，2「横たわった」，3「横たわった（過去分詞）」，4「〜を横たえた」。自動詞の lie-lay-lain と他動詞の lay-laid-laid を区別しましょう。
(2) 原油の値段が先月20％ほど上がりましたが，多くのアナリストが今月は下がると予測しています。
▶1「〜を上げる」，2「〜を上げた」，3「上がった」，4「上がった（過去分詞）」。自動詞 rise-rose-risen と他動詞 raise-raised-raised を区別しましょう。
(3) 研修を受講希望する人は集まりに出席しなければなりませんでしたが，キョウコはすっかりそのことを忘れていました。
▶1「〜に似ている」，2「〜について話し合う」，3「〜に連絡をとる」，4「〜に出席する」。いずれも注意すべき他動詞です。
(4) 熱帯暴風雨が近づいていたため，ブレンダと彼女の家族はマイアミ旅行を取りやめました。
▶1「〜に接近している」，2「〜を動かしている」，3「〜を導いている」，4「到着している」。approach は「〜に近づいていく」という意味の他動詞です。
(5) コリンズさんは昨日仕事でニューヨークに出発しました。彼女は20日までそこにいます。
▶1「出発する」，2「（過去に）出発した」，3「すでに出発した」，4「（過去のある時点で）すでに出発した」。yesterday と過去の表現を伴っているため，過去形が適切です。
(6) ルーシーはロンがバイオリンを一生懸命に練習していたことを知っていたので，彼が優勝したとき，彼女は彼が勝利に値すると思いました。
▶1「〜に値する」，2「〜に値した」，3「〜に値するだろう」，4「〜に値した」。過去の話なので，過去形にします。
(7) 警察によると，昨年その都市では52名が交通事故で死亡しました。
▶1「（直接的死因）で亡くなった」，2「（間接的死因）で亡くなった」，3「（事故など）で亡くなった」，4「（受け身で）殺された」。事故や災害で亡くなった場合は be killed in 〜 と表現します。
(8) 先生が「始めてもよろしい」と言うのを聞くやいなや，生徒たちはいっせいにテスト用紙をひっくり返しました。
▶1「するかもしれない」，2「してもよい」，3「いただきたい」，4「しても同じことだ」。許可を与えるときの助動詞 may を選びます。
(9) A：マイクと話すことがあるのだけれど，彼が見つからないのです。

B：彼は教室で勉強しているかもしれないよ。
▶1「する」，2「したほうがよい」，3「するのも当然だ」，4「かもしれない」。might は弱い推量に使うことができます。
(10) A：ベンを見て。口にクリームがついているわ。
B：僕たちが出かけているすきにケーキを食べたに違いないね。
▶1「に違いない」，2「するべきだ」，3「はずがない」，4「するべきだ」。過去の事柄に対して「〜に違いない」と断定する場合に〈must＋完了形〉を用います。
(11) A：ケン，この電車はメイプル・スクエアには行かないよ。オーク・ストリートで乗り換えるべきだったね。
B：本当？　シンディーに遅れると伝えないと。
▶1「〜を乗り換えるのも当然だ」，2「〜を乗り換えるべきだ」，3「〜を乗り換えるだろう」，4「〜を乗り換えるべきだった」。過去の行為に対して「〜するべきだったのに」と言う場合に〈should＋完了形〉を用います。
(12) A：もしあなたが私の立場ならば，その問題を解決するために何をしますか。
B：とても複雑な問題ですから，それは難しい質問ですね。
▶1「もしあなたが〜をするつもりならば」，2「もしあなたが〜なら」，3「（仮定法で）もしあなたが〜だとしたら」，4「（仮定法で）もしあなたが〜だったとしたら」。実際に相手が「私」になることはありえないので，仮定法 if you were を用います。
(13) A：あなたの助けがなかったとしたら，期限までに課題を終えられなかったでしょう。どうお礼を言ったらよいかわかりません。
B：いいのですよ。また助けが必要なときは言ってください。
▶1「（仮定法で）がなければ」，2「（仮定法で）がなかったならば」，3「まるで〜がないかのように」，4「まるで〜がなかったかのように」。
▶仮定法の重要構文として if it were not for 〜 と if it had not been for 〜 をおさえておきましょう。

17　不定詞

63ページ

(1) 4　　　(2) 2　　　(3) 4
(4) 3，4　(5) 3，1

解説　(1) ご親切に鍵を見つけるのを手伝ってくれてありがとうございます。

▶ **1**「（不定詞の前で）あなたが」，**2**「(that 節の主語で）あなたが」，**3**「あなたに」，**4**「（形容詞のあとで（あなたは）」。it is kind of you to *do* は「～してくれるなんてあなたは親切だ」と感謝を述べる表現です。

(2) 新しい建物は次の4月に完成する予定です。
▶ **1**「する予定だ」，**2**「される予定だ」，**3**「されるだろう」，**4**「持つ予定だ」。〈be + to 不定詞〉で〈予定〉を表します。建物は建てられる対象なので，be completed と受け身になります。

(3) メアリーは指輪を失くしたようです。着けていません。
▶ **1**「～を失くす」，**2**「失われる」，**3**「～を失くしている」，**4**「～を失くした」。すでに失くしたという意味を表すために完了形 have lost を用います。

(4) イタリアの天気は素晴らしかったです。食べ物は言うに及ばずです。The weather in Italy was great, (to say nothing of the food).
▶ to say nothing of ～ で「～は言うまでもなく」の意味を表します。

(5) ロンはサリーのオフィスに電話をしましたが，彼女は休暇中だと言われました。Ron called Sally's office (only to be told that she) was on vacation.
▶副詞用法の to 不定詞はしばしば only を伴って「結果的に～だった」の意味を表します。

18　動名詞
　　　　　　　　　　　　　65 ページ
(1) **1**　　(2) **3**　　(3) **2**
(4) **4, 2**　(5) **5, 4**

解説 (1) 球場に行くことに興奮しているでしょうね。
▶ **1**「行くこと」，**2**「行くこと」，**3**「いなくなったこと」，**4**「行ってしまったこと」。前置詞 about の後なので，to 不定詞ではなく動名詞が適切です。

(2) 今日は麺を食べたい気分ではありません。
▶ **1**「～を食べること」，**2**「～を食べた」，**3**「～を食べること」，**4**「～を食べたこと」。前置詞 like のあとなので，動名詞の形になります。feel like *doing* で「～したい気分である」の意味です。

(3) おじは若いころにヨットで大西洋を横断したことで知られています。
▶ **1**「航海した」，**2**「航海したこと」，**3**「航海したこと」，**4**「航海されること」。前置詞 for のあとなので，動名詞の形になります。be famous for ～ で「～で有名である」の意味です。

(4) 私は子どものころ，先生に怒られることに慣れていました。I was (used to being scolded by) teachers when I was a kid.
▶ be used to *doing* で「～することに慣れている」という意味です。助動詞の used to「かつて～した」と区別しましょう。

(5) 彼らはそれについて話したことを後悔しているようだ。They seem (to regret having talked about) it.
▶ regret *doing* で「～を後悔する」という意味です。having talked は動名詞の完了形で「すでに話したこと」の意味を表します。

19　分詞構文
　　　　　　　　　　　　　67 ページ
(1) **4**　　　　(2) **3**
(3) **5, 2**　(4) **4, 5**　(5) **3, 1**

解説 (1) 十分な食事を食べていなかったので，彼はどんどん弱っていきました。
▶ **1**「～を食べた，食べられた」，**2**「食べられたこと」，**3**「食べられること」，**4**「～を食べている」。文の主語 he が eat の意味上の主語なので，分詞構文は eating の形になります。

(2) 平素な日本語で書かれていて，この本は日本語学習者に合っています。
▶ **1**「書いている」，**2**「書いている最中」，**3**「書かれた」，**4**「書いた」。文の主語が this book なので，written と過去分詞の形になります。

(3) 警察官を見て，彼女は助けを求めて叫びました。(Seeing the police officer, she cried for) help.
▶文の主語 she が see の意味上の主語なので，現在分詞の形にします。cry for help で「助けてと叫ぶ」です。

(4) ニューヨークに住んだことがあるので，私は外国人に慣れています。(Having lived in New York, I) am used to foreigners.
▶完了形の分詞構文は主節の内容より前の事柄を表します。be used to ～ で「～に慣れている」です。

(5) すべてを考慮した場合，彼に責任はありません。All (things considered, he is not) responsible for it.
▶ All things (being) considered, は「すべてを考慮した場合」の意味を表す慣用句的な分詞構文です。

20 関係詞①

(1) **2**　　(2) **4**　　(3) **4**
(4) **1, 2**　(5) **3, 5**

解説　(1) 日本の首都である東京は，世界で最も忙しい都市の1つです。
▶ 1「(人を修飾する)主格の関係代名詞」，2「(物を修飾する)関係代名詞」，3「(先行詞をとらない関係代名詞として)なもの」，4「(人と物の両方に使われるが，非制限用法のない)関係代名詞」。Tokyo が先行詞なのでまず 1, 3 を排除します。4 はコンマ(,)のあとに続けることはできません。2 が適切です。

(2) ジロウは(それの)意味のはっきりわからない語をすべて調べます。
▶ 1「(物を修飾する)関係代名詞」，2「(人を修飾する)主格の関係代名詞」，3「関係代名詞」，4「所有格の関係代名詞」。先行詞 word に対して「それの意味」という意味をつなげるためには，所有格の関係代名詞 whose を用います。

(3) メイシーは彼女が手に持っているものを私たちに見せようとしませんでした。
▶ 1「(人と物の両方を修飾する)関係代名詞」，2「(人を修飾する)関係代名詞」，3「(物を修飾する)関係代名詞」，4「(先行詞をとらないで)なもの」。1語で「〜なもの」を表す関係代名詞 what を選びます。

(4) 名前を思い出せないある人があなたにこのメモを残しました。Someone (whose name I cannot remember) left you this note.
▶ 先行詞 someone に対し，「その人の名前」という意味を足すには関係詞 whose を用います。

(5) この建物を設計した建築家は，独特の手法で有名です。The architect (who designed this building is famous) for his unique method.
▶ building までが主語になります。be famous for 〜 で「〜で有名である」の意味です。

21 関係詞②

(1) **3**　　(2) **4**　　(3) **1**
(4) **2, 3**　(5) **4, 2**

解説　(1) 私が育ったところである京都は，日本の古都です。
▶ 1「(関係副詞)なとき」，2「(物を修飾する)関係代名詞」，3「(関係副詞)なところ」，4「(人や物のを修飾する)関係代名詞」。京都という場所に対して「そこで私は〜」のように情報を足す場合，関係副詞の where を用います。

(2) 彼は，米の生産で知られる新潟に住んでいます。
▶ 1「(関係副詞)なところ」，2「(人と物の両方に使われるが，非制限用法のない)関係代名詞」，3「(先行詞をとらない関係代名詞として)なもの」，4「(物を修飾する)関係代名詞」。新潟そのものが関係詞節の主語になるため，which を主格の関係代名詞として使います。「場所」＝ where と安直に飛びつかないようにしましょう。

(3) 彼女はなぜ昨日欠席したかを話そうとしません。
▶ 1「(関係副詞)の理由」，2「(関係副詞)のやり方」，3「(先行詞をとらない関係代名詞として)なもの」，4「(関係副詞)なところ」。「理由」を表す why を選びます。関係副詞 why の先行詞 the reason が省略されています。

(4) ジェーンは彼女の父親がかつて働いた会社で働きたいと望んでいます。Jane is hoping to work at (the company where her father) used to work.
先行詞 company に対して「そこで〜」という意味を関係副詞 where 節が足す形にします。

(5) その計画が失敗したのはいったいなぜでしょうか。What (can be the reason why) the project failed?
▶ the reason why ... で「…の理由」の意味です。

22 比較①

(1) **3**　　(2) **1**　　(3) **4**
(4) **5, 3**　(5) **1, 5**

解説　(1) クリスは2人の少年のうち年上のほうです。
▶ 1「(3人以上で)最年長」，2「より年上」，3「(2人のうち)より年上」，4「同じくらい年長」。2者の比較の場合，比較級の前に冠詞 the がつきます。

(2) チーターはライオンのおよそ2倍の速さで走ることができます。
▶ 1「2倍の速さで」，2「(あとに than を伴って)さらに2倍速く」，3 (誤った語順)，4 (誤った語順)。「2倍」と言いたいときは，同格表現 as 〜 as の前に twice を入れます。

(3) 不思議なことに，長く走れば走るほど，彼は疲れをより少なく感じました。
▶ 1「(数が)少ない」，2「(数が)より少ない」，3「(量が)少ない」，4「(量が)より少ない」。〈The ＋比較級 〜, the ＋比較級 ...〉の構文です。

(4) この車はあちらの車の3倍の値段がします。This

car (is three times as expensive) as that one.
▶同格表現 as ～ as の前に three times を入れて「3倍」の意味を表します。
(5) トレイシーは彼女のクラスのどの女の子よりもうまく歌えます。Tracy can (sing better than any other girl) in her class.
▶ better than any other ～ で「他のどの～よりも上手に」という意味です。

23 比較②
75ページ

(1) **4**　　(2) **3**
(3) **3, 4**　(4) **1, 3**　(5) **1, 4**

解説 (1) ジェシーはおそらく 200 枚もの CD を持っています。
▶ 1「～より多い」, 2「(量が) ～ほど多い」, 3「～より少ない」, 4「(数が) ～ほど多い」。数の多さを表すものを選びます。
(2) コンサートは成功でした。100 人もの人々が彼女の音楽を聞きにやって来ました。
▶ 1「せいぜい」, 2「たったの」, 3「もの(それほど多くの)」, 4「それほど少ない」。no fewer than は as many as と同様に「数の多さ」を強調します。
(3) トーマスは天才というよりもむしろ努力家です。Thomas is (not so much a genius as) a hard worker.
▶ not so much A as B で「A というよりむしろ B」。
(4) 彼女にそんなことを言うほど君は愚かではないはずだ。You should (know better than to say such) a thing to her.
▶ know better than to do で「～するほど愚かではない」という意味です。
(5) これは私が登った中で最も高い山です。This is the (highest mountain that I have ever) climbed.
▶〈最上級＋ that I have ever done〉で「私が～した中で最も」という意味です。

予想テスト
76ページ

(1) **4**　(2) **4**　(3) **1**　(4) **2**
(5) **3**　(6) **4**　(7) **4**

解説 (1) A：お席をこちらの女性に譲っていただけませんか。
B：もちろんです。いずれにしろ次の駅で降りますから。
▶ 1「～を与える(原形)」, 2「～を与える(to 不定詞)」, 3「～を与える(過去分詞)」, 4「～を与える(動名詞)」。Would you mind doing? で「～してくださいませんか」の意味です。答え方に注意します。Yes と答えると「嫌です」の意味になってしまいます。
(2) ジョシュは自転車を盗まれました。さらに悪いことに, その自転車は彼のものではなく, 友人から借りたものでした。
▶ 1「(to be honest で) 正直に言うと」, 2「(to begin with で) まず第一に」, 3「(to say nothing of ～ で) ～は言うまでもなく」, 4「(to make matters worse で) さらに悪いことに」。盗まれた上に自分のものではなかった, という文脈に合う熟語を選択します。
(3) 職場からはるばる歩いたので, 帰宅したとき, ポールはくたくたでした。
▶ 1「歩いたので」, 2「歩くこと」, 3「歩いた」, 4「歩く」。歩いた結果くたくたになったということなので, 完了形の分詞構文が適切です。
(4) ナンシーは泳ぎが得意ではありませんでした。しかし, ひとたびジムが教え始めると, 彼女はすぐに泳ぎが上手になりました。
▶ 1「泳ぐ」, 2「泳ぐこと(動名詞)」, 3「泳ぐこと(to 不定詞)」, 4「泳ぐ人」。be good at doing で「～するのが得意である」の意味です。
(5) よくあることですが, 知識を得れば得るほど, より多くの疑問がわいてきます。
▶ 1「(数の) 多い」, 2「(量の) 多い」, 3「(数の) より多い」, 4「最も多い」。〈The ＋比較級 ～, the ＋比較級 ...〉の構文です。
(6) ケイトはスマホに夢中になっていてホームから落ちてしまいました。彼女の父親がその出来事を知ると, それは彼女の大変な不注意だったと彼女に言いました。
▶ 1「～に対して」, 2「～とともに」, 3「～のために」, 4「～の」。「～の不注意だ」のように述べる際には it is careless of ～ を用います。
(7) リビング・ルームに入ると, 猫は(その上で)ケンが寝ていたソファに飛び乗りました。
▶関係代名詞1つでは前の内容とつなぐことはできません。正解の on which は関係副詞 where で言い換えることもできます。

(8) **3, 4**　(9) **4, 3**　(10) **1, 4**
(11) **1, 4**　(12) **5, 4**　(13) **1, 5**

解説 (8) その記者は, 最近評判がうなぎのぼりのあるビジネスパーソンをインタビューすることになっています。The journalist is going to have an interview

with (a businessperson whose reputation is growing fast) these days.
▶ある人について「その人の評判が～」とつなぐには whose reputation で節を始めます。
(9) フレッドは彼の父親が職人として20年働いている工房を訪れる予定です。Fred is going to visit (the factory where his father has been working) as a craftsman for 20 years.
▶工房に対して「そこで人が～している」と説明を加えるには，関係副詞 where を用います。
(10) ミラー氏は多数の絵画を持っています。実のところ，彼のコレクションは地元の美術館の2倍です。In fact, (his collection is twice as large as) the local museum's.
▶同格表現 as ～ as ... の前に twice を入れると「…の2倍の～」の意味になります。
(11) 劇場の入り口では，500人もの人々がその女優が現れるのを待っていました。At the entrance of the theater, (no less than 500 people were waiting for) the actress to show up.
▶この no less than は 500 という数の強調として使われています。
(12) 野球財団は，授与式が11月30日にニューヨークで行われると正式発表しました。The baseball foundation officially announced that (the award ceremony is to be held in) New York on November 30th.
▶be 動詞のあとに to 不定詞を続けて〈予定〉を表します。
(13) ケンはしばしば，家の近くのイタリア料理店であるペスカラズ・シェフに行き，本物のイタリア料理を楽しみます。彼はそこがこれまで行った中で最高のレストランだと思っています。He thinks it is (the best restaurant that he has ever) visited.
〈最上級＋that S have [has] ever done〉で「S がこれまで～した中で最も…」の意味を表します。

24 長文読解のテクニック
80ページ

4A (1) **1** (2) **2**
解説 (1) ▶ **1**「～を保つ，取っておく」，**2**「～を得る」，**3**「～を作る」，**4**「～を使う」。大掃除をしているという文脈。あとの what to give away「何を人にあげるか」，what to throw away「何を捨てるか」に対して what to keep「何を取っておくか」となるのが適切。
(2) ▶ **1**「緊張した，神経質な」，**2**「驚いた」，**3**「がっかりした」，**4**「心配した」。実は血縁関係にあったということを発見したため「驚いた」が適切。

▶長文の意味
料理本の縁
　この前の3月の春休みに，ジェニファーは母親の大掃除を手伝いました。彼女たちは一緒に各部屋をきれいにしました。物をすべて引き出しや押入れ，戸棚から出し，何を取っておき，何を人にあげ，何を捨てるかを決めたため，数日かかりました。その後，彼女たちはすべてをきれいに片付けました。
　台所の戸棚を掃除していたジェニファーは，何冊かの料理本を見つけました。1冊はとても古く見えました。表紙の内側に「メアリー・カドワラダー」と記名がありました。ジェニファーはその名前に覚えがありました。新しく学校に来た女の子，リリ・カドワラダーが同じ名字だったのです。そこで春休みのあと，ジェニファーはその料理本を学校に持って行き，リリにあげました。メアリー・カドワラダーがリリのイギリスのウェールズ出身の曽祖母だったと知り，少女たちは2人ともとても驚きました。いまだにどうしてその本がアメリカに到達したのかはわかりませんが，その後，2人が仲よくなれたので，2人ともジェニファーがその本を見つけてよかったと思っています。

4B (3) **4** (4) **3** (5) **1**
解説 (3) ▶ **1**「いつも通りの」，**2**「要求されている」，**3**「間違っている，問題がある」，**4**「独特の，ユニークな」。レースの特徴を説明するところなので，What's unique about it「そのユニークな点は」と始めるのが正しい。
(4) ▶ **1**「置かれる」，**2**「攻撃される」，**3**「覆われる」，**4**「投げられる」。色つきの粉を何度も浴びせられた結果なので，色に「覆われている」の意味になる covered が正解。
(5) ▶ **1**「～なので，以来」，**2**「～にもかかわらず」，**3**「しかしながら」，**4**「幸運なことに」。**2** は前置詞，**3**，**4** は副詞なので，空欄部分に入れると2つの節が繋がらない。「理由」を示す働きのある接続詞 Since を選ぶ。

▶長文の意味
カラー・ラン
　2012年1月，アリゾナ州フェニックスでユニークなレースが行われました。それはカラー・ランと呼ば

れましたが，とても楽しいものだったため，後に「地球上で最ハッピーな5キロ」というあだ名を得ました。でも，それは厳密にはどういうものでしょうか。そのユニークな点は，全参加者がスタート時点では白い服を着用しなければならず，そして走っている最中，色地点を通り過ぎるときに色つきの粉をかけられるということです。これら色地点は1，2，3，4キロの場所にそれぞれ置かれます。

　レースの最後に，ランナーたちはフィニッシュラインを越える際に5度目の粉をかけられます。レースが終わる頃には，すべての参加者と観衆のほとんどが色つきの粉まみれになっています。しかしながら，レースの終わりは楽しみの終わりではありません。各レースのあとには事後のお祭りがあり，参加者は音楽とダンスでお祝いをします。お祭りの間，人々はさらに走者がやってくるのにしたがって，15分ごとに「色投げ」に参加します。

　レースの目的は，ベテラン・ランナーと初心者をただ楽しむために共に走らせることにより，健康と幸せを増長させることにあるため，タイムは計られません。勝者も公式記録もないため，初めて走る人たちに特に人気です。カラー・ランは今や世界に広がっています。2013年には30以上の国で170のイベントが行われました。カラー・ランは日本にもやって来ており，2014の3月と4月に東京でレースが開催されました。

5_A (6) **2** (7) **1** (8) **3**

解説 (6) ニナは父親についてなんと言いましたか。
▶ **1**「彼はかつて理科教師でした」，**2**「彼はタミーのプロジェクトを手伝えます」，**3**「彼はニナがそこにいてタミーを助けてあげられればと願いました」，**4**「彼は若い頃理科の成績が良かったのです」。第1段落で，助けが必要ならば父親に電話するとよいと言っています。

(7) ニナは今…住んでいます。
▶ **1**「ルームメイトと」，**2**「大学内に1人で」，**3**「大学から遠くに」，**4**「両親と共に寮に」。第2段落より，寮(dormitory)でルームメイトと住んでいるとわかります。

(8) ニナは何を驚きだと感じましたか。
▶ **1**「彼女のルームメイトがおしゃべりなこと」，**2**「学生が感謝祭のために休めること」，**3**「彼女のルームメイトと，いとこの名前が同じこと」，**4**「彼女のいとこが休暇の間に買い物に行きたがらないこと」。最終段落より，ルームメイトの名前もタミーであることがわかります。メール最後の締めくくりから，タミーが

とこだとわかります。
▶長文の意味
送信者：ニナ・ゴードン
宛先：タミー・フランダース
日付：2014年9月30日
件名：感謝祭
タミーへ，

　もっと早くに書かなくてごめんなさい。どうしていますか。締め切りの迫る理科のプロジェクトに苦労していると母から聞きました。私がそこにいて助けてあげられればいいのに。もし本当に助けが必要なら，父に電話するといいですよ。彼はそういうのが大好きです。以前は私の理科プロジェクトも手伝ってくれて，いつも良い成績が取れました。

　学校のことを言えば，大学に来て以来とても忙しくしています。両親がここに車で送ってくれたのが9月7日。その日は寮の部屋を整えるのに費やしました。翌日ルームメイトが到着。それから授業が9日に始まりました。まだ1回も休めていません！

　ところで，私のルームメイトの名前が驚きです。タミーというのです！　まるであなたみたいに面白くておしゃべりです。見た目も少しあなたに似ています。彼女のせいであなたに会いたくなります！　でもよいお知らせがあります。感謝祭に帰省します！　1週間まるまるお休みなので，お買い物でも何でもあなたのしたいことができますよ。待ち遠しいです。
あなたのいとこ
ニナ

5_B (9) **1** (10) **3** (11) **1** (12) **4**

解説 (9) ほとんどのアメリカ人が感謝祭で行うことは何ですか。
▶ **1**「感謝祭に七面鳥を食べます」，**2**「感謝祭にマカロニ＆チーズを食べます」，**3**「年ごとに異なるサイドディッシュを食べます」，**4**「お互いに感謝をしてプレゼントを交換します」。第1段落より，各家庭でサイドディッシュは異なるものの，七面鳥と食べる点が共通しているとわかります。なお，macaroni and cheese はアメリカで人気のインスタント料理です。

(10) 感謝祭に起こり得る最悪の事態とはなんですか。
▶ **1**「七面鳥を焼きすぎることがあります」，**2**「買った七面鳥が小さすぎることがあります」，**3**「十分に火の通っていない七面鳥を食べて病気になることがあります」，**4**「凍った七面鳥をどれくらい解凍すればよいかが調理者にはわかりません」。第2段落後半の Worst of all 以降に「最悪の事態」が述べられています。

⑾ 七面鳥トークラインについて言えることはなんですか。
▶ **1**「かけた人に通話料がかかりません」，**2**「七面鳥で食あたりしたときにかけられます」，**3**「オペレーターが料理中にけがをした人を助けてくれます」，**4**「バターボール社の七面鳥を買った人だけがかけられます」。第3段落冒頭に toll-free「通話料無料の」とあります。誰もが七面鳥の調理法を相談できるサービスです。

⑿ 七面鳥トークラインに電話した人は，
▶ **1**「毎回男性と話すと思ってかまいません」，**2**「何年もバターボール社で働いている人と話します」，**3**「かけてくるのはみんな女性なので，普通は女性をリクエストします」，**4**「オペレーターはみんな専門家なので，もらう助言は信頼できます」。最終段落より，オペレーターは expert「専門家」であることがわかります。バターボール社での勤務年数が多いとは書かれていません。

▶**長文の意味**

七面鳥トークライン

アメリカでは，感謝祭は家族が何でも感謝しているものを祝う時です。メインイベントは家族での大夕食です。大量のサイドディッシュがあります。マッシュポテトを出す家もあれば，スウィートポテトを出す家もあり，両方を出す家もあります。詰め物にこだわる人もいれば，マカロニ＆チーズを欲しがる人もいます。ほとんどの人は青野菜を食べ，デザートはカボチャやりんごといったパイかもしれません。しかしながら，これらの料理はさまざまであるとは言え，メインディッシュは変わりません。それは必ず七面鳥なのです。

実際，国立七面鳥協会によると，88％のアメリカ人が感謝祭に七面鳥を食べます。七面鳥は，特に初心者にとってはやや作るのが恐ろしいものです。多くのことを失敗しかねないからです。例えば，七面鳥が小さすぎる，大きすぎるとか，焼きすぎたり，調理が足りなかったりといったことです。しかし，最悪の場合はみんなが病気になりかねません。なぜならば，生の七面鳥は生の鶏と同様に，バクテリアが付いている可能性があるからです。しかし，七面鳥は鶏よりもずっと大きいため，凍った七面鳥を溶かすのにかかる時間や，完全に火が通るまでにかかる時間がわかりにくいのです。そのため，七面鳥トークラインが存在します。

この七面鳥911（救急ダイヤル番号）と呼ばれることもある通話料無料電話サービスは，七面鳥の大手生産会社であるバターボール社によって，1981年から提供されています。質問は「どれくらいの大きさの七面鳥を買うべきか」から「緯度の高いところで七面鳥を料理するには」まで多岐に渡ります。初年度には1万1,000人ほどが助言を求めて電話をしました。毎年電話する人の数は増えていて，今では100万人以上が感謝祭やクリスマス休暇の間に電話をかけます。

バターボール社は専門的知識のある人だけをオペレーターに採用するため，電話をした人は，得られる助言が正確だと信じることができます。過去にはこれらの専門家と，電話をかける人のほとんどが女性でした。しかし最近では，電話をする人の4分の1が男性です。そのため2013年の時点では，七面鳥トークラインに電話をした場合，相手の声が男性であることもあります。

25 リスニング　会話表現①
― 友人・家族との会話 ―
87ページ

No. 1　**2**　　No. 2　**3**　　No. 3　**2**　　No. 4　**3**
No. 5　**2**　　No. 6　**2**　　No. 7　**1**　　No. 8　**2**

解説　No.1 ▶ 高すぎるという指摘に対して適切な応答は**2**です。

▶**読まれた英文と意味**

Woman: Isn't this dog cute? I love poodles.
Man: I like that one as well. Why don't we get both of them?
Woman: Have you seen how much they cost? They're too expensive.
1 I know. I like cats, too.
2 Yes, you're right. We can't afford them both.
3 Well, I don't like dogs very much anyway.

女性：この犬はかわいいわ。私はプードルが大好きなの。
男性：あの犬もいいな。両方買うのはどう？
女性：値段見た？　高すぎるわよ。
1 わかるよ。私も猫が好きなんだ。
2 あなたの言う通りだ。両方は買えないね。
3 うーん，どうせ犬はあまり好きじゃないから。

No.2 ▶ That sounds great. は誘いに対して前向きに答える時に使われる表現です。

▶**読まれた英文と意味**

Man: What kind of sports do you play, Julie?
Woman: I like to play tennis. I play every week with my husband.
Man: I like tennis, too. Would you like to play doubles this weekend?

1 I know. It's a difficult sport.
2 Yes. I'd like to take lessons.
3 Yes. That sounds great.

男性：どんなスポーツをしますか，ジュリー？
女性：テニスが好きです。毎週夫としています。
男性：私もテニスが好きです。今週末ダブルスをやりませんか。
1 わかります。難しいスポーツですよね。
2 はい。レッスンを受けたいのです。
3 はい。いいですね。

No.3 ▶ Is everything all right? は「どうかしたの？」と尋ねる表現です。話題は学校にいるジェイミーについてなので，直接相手にかかわる**1**と**3**は不適切です。
▶読まれた英文と意味
Man: Hello. Paul Mitchel.
Woman: Hi, honey. Sorry to call you at work, but could you pick Jamie up from school?
Man: Of course. Is everything all right?
1 I'll come right away.
2 She's not feeling very well.
3 No. I'm fine.

男性：もしもし。ポール・ミッチェルです。
女性：もしもし，あなた。仕事場に電話してごめんね。でもジェイミーを学校に迎えにいってもらえないかしら。
男性：もちろんだよ。どうかしたのかい。
1 すぐにそちらへ行くわ。
2 彼女は調子が悪いみたいなの。
3 いいえ，私は元気よ。

No.4 ▶女性は予定がはっきりしていないだけで，誘いには乗り気です。**1**，**2**はいったん相手に感謝しつつも，誘いを断っています。
▶読まれた英文と意味
Man: Do you want to have lunch sometime next week, Janet?
Woman: I'd love to, Dave, but I'm not sure about my schedule yet. Can I let you know tomorrow?
Man: Of course. I was thinking we could try that new Italian place.
1 Thanks, but I'm a bit busy now.
2 That's nice of you, but I'll be fine.
3 Sounds good. I've been wanting to go there.

男性：来週のどこかでランチしませんか，ジャネット？
女性：デイブ，ぜひそうしたいのですが，まだ予定がはっきりしません。明日返事してもいいですか。
男性：もちろん。あの新しいイタリア料理店を試そうかと思ったのです。
1 ありがとう，でも今は少し忙しいです。
2 ありがとう，でも私なら大丈夫です。
3 いいですね。ずっとそこに行きたいと思っていたのです。

No.5 ▶ **1**「彼女のおじさんと暮らすため」，**2**「乗馬を覚えるため」，**3**「馬を競争させるため」，**4**「馬の調教を覚えるため」。ranch「牧場」に住んでいるのはジミーのおじさんです。ケイトは冒頭で乗馬を覚えたいと言っています。
▶読まれた英文と意味
Woman: Jimmy, I want to learn how to ride a horse.
Man: We can go to my uncle's house. He has a ranch with some horses.
Woman: That sounds great! Can I take a friend along as well?
Man: Sure, Kate. I'll bring a friend, too. We can go this weekend.
Question: Why is Kate going to the ranch?

女性：ジミー，馬の乗り方を覚えたいのだけれど。
男性：僕のおじさんの家に行けるよ。彼は牧場と馬を何頭か持っているんだ。
女性：それはいいね！ 友達も一人連れていっていい？
男性：もちろん，ケイト。僕も一人友達を連れて行く。今週末に行けるよ。
質問：どうしてケイトは牧場に行くのですか。

No.6 ▶ **1**「スキーをしていて足を折りました」，**2**「スキーをしていて腕を折りました」，**3**「手術のために病院に行きます」，**4**「風邪をこじらせました」。女性の2つ目の発言がポイントです。エレインはスキーで腕を折り，すでに病院にいます。
▶読まれた英文と意味
Woman: Hey, Dan. Did you hear what happened to Elaine yesterday?
Man: No, what happened to her?
Woman: She broke her arm skiing. She's in the hospital today for surgery.
Man: Oh no, that's awful news. I hope it wasn't a bad break.
Question: What happened to Elaine yesterday?

女性：やあ，ダン。昨日エレインに起こったことを聞いた？

男性：いや，彼女に何があったの？
女性：スキーをしていて腕を折ったの。今日は手術のために病院にいるのよ。
男性：ええ，それはひどい話だ。悪い骨折でなければよいのだけど。
質問：昨日エレインに何が起きましたか。

No.7 ▶ 1「縦縞のカーテン」，2「ベージュ色のカーテン」，3「白いカーテン」，4「コーヒーテーブル」。2人はカーテンを選んでいます。男性の最後の発言から striped「縦縞模様の」意味の **1** を選択します。

▶読まれた英文と意味

Woman: Rob, can you help me? I'm having trouble choosing our curtains.
Man: Sure, Susan. How about these beige ones? They look nice, and they're not too expensive.
Woman: They're a little plain. What do you think of these?
Man: The stripes are nice. Let's get them, then.
Question: What are Rob and Susan probably going to buy?

女性：ロブ，手伝ってくれない？ カーテンを選べなくて。
男性：もちろん，スーザン。このベージュ色のはどう？ 見栄えがいいし，高すぎないよ。
女性：ちょっと地味ね。これらはどうかしら。
男性：縦縞がいいね。ではそれにしようよ。
質問：ロブとスーザンはおそらく何を買いますか。

No.8 ▶ 1「彼女の部屋を掃除すること」，2「リビングに掃除機をかけること」，3「ごみを出すこと」，4「皿を洗うこと」。具体的に手伝いの内容が述べられているのは男性の2つ目の発言です。vacuum は「vacuum cleaner（掃除機）をかける」ということです。

▶読まれた英文と意味

Man: Angela, can you help me clean up? We have guests coming tonight.
Girl: Sure, Dad. What do you want me to do?
Man: Start by vacuuming the living room and then come to me when you're done. And hurry, we don't have much time.
Girl: Oh, Dad. You always leave everything until the last minute.
Question: What did Angela's Dad ask her to do?

男性：アンジェラ，掃除を手伝ってくれるかい。今晩お客さんが来るのだよ。
少女：いいわよ，父さん。何をすればいい？
男性：まずリビングに掃除機をかけて，終わったら僕のところに来て。急いでね。あまり時間がないから。
少女：もう，父さん。いつもギリギリまでやらないのだから。
質問：アンジェラの父は彼女に何をするように頼みましたか。

26 リスニング　会話表現②
―ビジネス・ショッピングでの会話―
89ページ

| No.1 | 1 | No.2 | 2 | No.3 | 1 | No.4 | 1 |
| No.5 | 2 | No.6 | 4 | No.7 | 3 | No.8 | 1 |

解説 No.1 ▶仕事の電話なので **3** は不適切です。ミーティング中と言っているので **2** も不適切です。

▶読まれた英文と意味

Woman: Hello, this is Jennifer from James & Company. Is Mr. Green available?
Man: He's in meetings all day today. How can I help you?
Woman: I just wanted to know when he can come to our office.
1　I will tell him to call you tomorrow.
2　He is on a business trip.
3　He recently bought a new car.

女性：もしもし，こちらはジェイムズ・アンド・カンパニーのジェニファーです。グリーンさんはおられますか。
男性：彼は，今日は一日会議です。いかがなさいましたか。
女性：いつ彼が私たちのオフィスに来られるのかを知りたいのです。
1　明日お電話差し上げるように彼に伝えます。
2　彼は出張中です。
3　彼は最近新しい車を買いました。

No.2 ▶惣菜店での会話。おすすめを聞いて買おうとしています。食べたわけではないことに注意。

▶読まれた英文と意味

Man: Can I help you, ma'am?
Woman: Yes, I'd like to buy some seafood. What do you recommend?
Man: You should try our scallops. They're on sale today.
1　Sure. They taste great.
2　Great. I'll take 200 grams, please.
3　I usually cook at home.

男性：お客さま，いかがいたしましたか。
女性：ええ。シーフードを買いたいのですが，何がおすすめですか。
男性：ほたて貝を試してください。今日は割引していますよ。
1 もちろん。おいしいですね。
2 いいですね。200グラムお願いします。
3 私はふだん自炊しています。

No.3 ▶「髪を染めますか（dye）」と聞かれた後なので，断っている **1** が正解です。

▶読まれた英文と意味

Man: How would you like your hair cut?
Woman: I want it very short. I don't have time to come here very often.
Man: Of course. Did you also want to dye it?
1 No thanks, that won't be necessary.
2 I like short, curly hair.
3 No, your hair is blond.

男性：髪をどういたしますか。
女性：ベリーショートにしてください。あまりこちらに来る時間がないのです。
男性：もちろんです。毛染めもしますか。
1 いいえ，それは必要ありません。
2 短い巻き毛が好きです。
3 いいえ，あなたの髪は金髪です。

No.4 ▶ 窓側の席を求める客に対する応対なので，関連する **1** を選びます。

▶読まれた英文と意味

Man: What time does the flight to New York depart?
Woman: It departs at 2:25 p.m. Do you want a ticket?
Man: Yes, I want a seat by the window, please.
1 I'm sorry, but all the window seats are sold out.
2 The plane just left.
3 The plane makes one stop in Chicago.

男性：ニューヨーク行の便は何時に出ますか。
女性：午後2時25分です。チケットをお求めですか。
男性：ええ，窓側の席をお願いします。
1 申し訳ございませんが，窓側の席はすべて売り切れています。
2 その便はたった今出ました。
3 その便はシカゴで一度着陸します。

No.5 ▶ **1**「デザートメニューを運んでいます」，**2**「客の注文をとっています」，**3**「本日の特別メニューを注文しています」，**4**「サービスの文句を言っています」。ウェイターの行動についての質問です。該当する **1**，**2** のうち，場面に合致する **1** を選びます。

▶読まれた英文と意味

Man: Welcome to Carol's Diner. May I take your order, ma'am?
Woman: Could you tell me what today's special is?
Man: Today's special is sirloin steak with gravy and mashed potatoes.
Woman: That sounds good. I'll have that and a small Caesar salad, please.
Question: What is the waiter doing?

男性：キャロルズ・ダイナーへようこそ。ご注文はお決まりですか，お客さま。
女性：本日のスペシャルを教えていただけますか。
男性：本日のスペシャルはサーロインステーキのグレービーソースとマッシュポテトです。
女性：いいですね。それと，シーザーサラダのスモールをください。
質問：ウェイターは何をしていますか。

No.6 ▶ **1**「色が違いました」，**2**「大きすぎました」，**3**「穴が開いていました」，**4**「小さすぎました」。返品の理由です。It's too small「小さすぎる」と述べています。

▶読まれた英文と意味

Man: May I help you, ma'am?
Woman: I would like to return this blouse. It's too small for me.
Man: Certainly. Would you like to exchange it?
Woman: There aren't any of these in my size, so just a refund, please.
Question: Why did the woman return the blouse?

男性：いかがなさいましたか，お客さま。
女性：このブラウスを返品したいのですが。私には小さすぎて。
男性：かしこまりました。交換なさいますか。
女性：私に合うサイズはないので，返金でお願いします。
質問：なぜ女性はブラウスを返品しましたか。

No.7 ▶ **1**「5階の北側」，**2**「5階の南側」，**3**「4階の北側」，**4**「メイン階の入口付近」。答えは前半からわかります。メイン階にあるのは子供用のバギー（baby buggies）です。

▶読まれた英文と意味

Man: Excuse me. Is there a kids' play area in this mall?
Woman: Yes, sir. It's on the 4th floor on the north side. After you get out of the elevator, take a right and walk all the way to the end.
Man: Thank you very much. Could you also tell me where to find the baby buggies?
Woman: Yes, of course. They are on the main floor near the entrance.
Question: Where is the kids' play area?

男性：すみません。このショッピング・モールに子供の遊び場はありますか。
女性：ございます。4階の北側です。エレベータをおりましたら，右の突き当りまでお進みください。
男性：どうもありがとうございます。子供用のバギーがどこにあるかも教えていただけますか。
女性：はい，もちろんです。メイン階の入口そばにございます。
質問：子供の遊び場はどこですか。

No.8 ▶ 1 「サーモンロール（サケの巻きずし）」，2 「チーズパイ」，3 「春巻」，4 「カニ肉詰めマッシュルームのクリームソース」。最後に注文しているものを聞き取れば答えられます。

▶読まれた英文と意味

Man: Can I get you anything to drink before you order?
Woman: Yes, two glasses of red wine, please.
Man: Certainly. Would you like an appetizer? Our special today is crab-stuffed mushrooms in cream sauce.
Woman: We'll have the salmon rolls, please.
Question: What appetizer did they order?

男性：ご注文の前に何かお飲み物はいかがですか。
女性：はい，グラスの赤ワインを2つお願いします。
男性：かしこまりました。アピタイザーはいかがですか。本日のおすすめはカニ肉詰めマッシュルームのクリームソースです。
女性：サーモンロールをいただきます。
質問：アピタイザーに何を注文しましたか。

を掃除する」，3 「そんなにたくさん本を買うことをやめる」，4 「彼の本をもっと大きな部屋に入れる」。His wife keeps telling him to sell ～「～を売るように彼に言い続けています」とあります。

▶読まれた英文と意味

Mr. Thompson loves to read. He has one room with many bookshelves and stacks of books everywhere. There is very little space left, and it is hard to move around the room. His wife keeps telling him to sell the old books he doesn't read anymore, but he doesn't want to. Soon he may need another room for all his books.
Question: What did Mr. Thompson's wife tell him to do?

トンプソン氏は読書家です。彼の一部屋にはたくさんの本棚があり，そこらじゅうに本が積んであります。ほとんど空間は残されておらず，その部屋の中で動くのは困難です。彼の妻は彼にもう読まなくなった古い本を売るように言い続けていますが，彼はそうしたくありません。近いうちに彼は，本のためにもう一部屋必要になるかもしれません。
質問：トンプソン氏の妻は彼に何をするように言いましたか。

No.2 ▶ 1 「縁起が悪いからです」，2 「ヴィッキーは服の趣味がよいからです」，3 「彼女の婚約者とけんかをしたからです」，4 「彼女の婚約者は服の趣味が悪いからです」。質問文が否定疑問文になっていることに注意しましょう。「なぜ婚約者に頼まなかったのか」を聞いています。冒頭部分から1が正解とわかります。

▶読まれた英文と意味

Kimberly went to buy her wedding dress yesterday. Since it is bad luck if her fiance sees her wearing the dress before the wedding, she asked her friend, Vicky, to come along with her. She had trouble choosing a dress, so she asked Vicky's advice. Vicky thought that the dress with the lace design looked best on her.
Question: Why didn't Kimberly ask her fiance to help her choose a dress?

キンバリーは昨日，自分のウェディングドレスを買いに行きました。婚約者が式の前に彼女のウェディングドレス姿を見るのは縁起が悪いため，彼女は友だちのヴィッキーに付いてきてもらいました。彼女はドレスを選ぶのに苦労して，ヴィッキーの助言を求めました。ヴィッキーはレース模様のドレスが彼女に一番合うと思いました。

27 リスニング　説明文の表現
91 ページ

| No.1 | 1 | No.2 | 1 | No.3 | 3 | No.4 | 2 |
| No.5 | 4 | No.6 | 4 | | | | |

解説 **No.1** ▶ 1 「彼の古い本を売る」，2 「彼の部屋

質問：どうしてキンバリーは彼女の婚約者にドレス選びを手伝ってもらわなかったのですか。

No.3 ▶ **1**「大学の奨学金」，**2**「無料の音楽レッスン」，**3**「優勝トロフィー」，**4**「優勝リング」。質問文の win は「勝つ」ではなく「勝ち取る」の意味。3文目から勝者にはトロフィーが与えられるとわかります。

▶読まれた英文と意味

Attention, Westpark High School students. Today we have the top marching bands in the city performing on the main field. The winner will take home the title and the first-place trophy. Second and third place trophies will also be awarded. The judges will announce the winners at 5 o'clock this afternoon. Come out and support your band!
Question: What will the top marching band win?

ウェストパーク高校の生徒諸君へ。本日，中央広場で街一番のマーチングバンドが演奏します。勝者は1位の称号とトロフィーを持ち帰ります。2位と3位のトロフィーも与えられます。審査員は今日の午後5時に勝者を発表します。自分たちのバンドを応援しにきてください。
質問：1位のマーチングバンドは何を得ますか。

No.4 ▶ **1**「隣人がいつも騒々しいパーティーをしているからです」，**2**「隣人が大音量で音楽をかけるからです」，**3**「玄関のドアがきちんと閉まらないからです」，**4**「トイレが壊れているからです」。騒々しい隣人が具体的に行うことは「夜中でも大音量で音楽をかける」なので **2** が正解です。

▶読まれた英文と意味

Maggie just moved into a new apartment. She likes it because it is in a convenient location and the rent is quite cheap. After a few days, however, she noticed that her next door neighbor is very noisy. He plays music very loudly, even late at night. Maggie is now thinking of calling the landlord to complain.
Question: Why is Maggie probably going to complain to the landlord?

マギーは新しい部屋に引っ越したばかりです。便利な場所にあり家賃もかなり安いため，彼女はその部屋を気に入っています。しかし数日後，彼女は隣の住人がとても騒々しいことに気付きました。彼は，たとえ夜中でも音楽を大音量でかけるのです。マギーは現在，大家に電話をして苦情を言おうかと考えています。
質問：マギーがおそらく大家に苦情を言うのはどうしてですか。

No.5 ▶ **1**「庭」，**2**「居間」，**3**「玄関前」，**4**「門の横」。シーサーが置かれる場所の具体例として述べられているのは on their roofs「屋根の上」と next to their front gates「門の横」です。

▶読まれた英文と意味

Shisa is a traditional decoration found in Okinawa and the other Ryukyu islands of Japan. It looks like a cross between a lion and a dog. Many people put a pair of *Shisa* on their roofs or next to their front gates. They are believed to keep evil spirits away and keep good spirits in.
Question: Where is one place people usually put *Shisa*?

シーサーは日本の沖縄およびその他の琉球の島に見られる伝統的な装飾物です。それはライオンと犬の合成のように見えます。多くの人々が1組のシーサーを屋根の上や門の横に置いています。それらは悪霊を追い払い，善霊を留めると信じられています。
質問：人々が普通シーサーを置く場所の1つはどこですか。

No.6 ▶ **1**「彼女に新しい運動の日課を教えることによってです」，**2**「彼女に運動器具の使い方を教えることによってです」，**3**「彼女と毎朝ジョギングをすることによってです」，**4**「彼女に運動のやる気を出させることによってです」。最後にインストラクターについて述べています。motivate は「～のやる気を出させる」の意味です。

▶読まれた英文と意味

Karen decided to lose some weight. She got up early every morning to go jogging and went to the gym in the evening to work out for an hour. It was exhausting, but after a few weeks her body started to adjust to the new routine. Her instructor at the gym has been very helpful by motivating her to exercise every day.
Question: How has the gym instructor helped Karen?

カレンは体重を落とすことにしました。毎朝早起きしてジョギングし，夕方にはジムに通って1時間運動をしました。とても疲れましたが，数週間後には彼女の体が新しい習慣に慣れ始めました。彼女のジムインストラクターは，彼女を毎日運動する気にさせて大いに助けてくれています。
質問：どのようにしてジムのインストラクターはカレンを助けてくれていますか。

28 リスニング問題のテクニック①
第1部：応答文選択
93ページ

No.1 **3**　No.2 **2**　No.3 **2**　No.4 **2**
No.5 **1**　No.6 **2**

解説　**No.1** ▶男性の最後の発言から，彼は今日犬の散歩ができないと判断できます。

▶**読まれた英文と意味**

Man: Mary, I walked the dog yesterday. It's your turn today.
Woman: I don't have much time today. Can you do it? I'll walk him tomorrow.
Man: I can't. I have a doctor's appointment.
1 Yes. I'll go to the doctor then.
2 Sure. I'll clean the house.
3 Sure. I'll do it today, then.

男性：メアリー，僕は昨日犬の散歩をしたよ。今日は君の番だ。
女性：今日はあまり時間がないの。あなたがやってくれない？ 明日散歩させるから。
男性：無理だよ。今日は医者の予約をしているんだ。
1 ええ。それでは私が医者に行くわ。
2 もちろん。私が家を掃除するわ。
3 わかった。では私が今日やるわ。

No.2 ▶会話の前半から，2人とも次の電車がいつやってくるかわかっていないとわかります。最後の質問に対する答えになるように**2**を選択します。

▶**読まれた英文と意味**

Man: Excuse me, ma'am. Do you know when the next train is coming?
Woman: I'm not sure. I think the trains are running off schedule today.
Man: I see. How long have you been waiting?
1 The next one should arrive soon.
2 Not that long. About ten minutes.
3 I'm going to take a taxi.

男性：すみません，ご婦人。次の列車がいつ来るかわかりますか。
女性：わからないのです。今日はダイヤが乱れているようですね。
男性：なるほど。どれくらい待っているのですか。
1 次のがすぐに来るはずですよ。
2 それほど長くはありません。10分ほどです。
3 タクシーを使います。

No.3 ▶ Do you mind ～? と尋ねられた場合の答え方に注意しましょう。**1**や**3**では答えの意図がわからなくなってしまいます。

▶**読まれた英文と意味**

Woman: Simon, isn't it a bit hot in here?
Man: I just turned on the heater an hour ago. It was freezing when I came in this morning.
Woman: Do you mind if I turn it down a bit?
1 I certainly can.
2 Not at all. Go ahead.
3 Yes, I do. Thanks very much.

女性：サイモン，ここは少し暑くありませんか。
男性：1時間前に暖房をつけたところです。今朝着いたときにはすごく寒かったですよ。
女性：少し弱めてもいいですか。
1 もちろんできます。
2 構いませんよ。どうぞ。
3 いやですね。どうもありがとう。

No.4 ▶薬の場所を聞いているので，家の中の場所を指示している**2**を選択します。

▶**読まれた英文と意味**

Boy: Mom, I have a really bad headache.
Mother: Do you want to take some medicine?
Boy: Yes, I do. Where is it?
1 It's not far from here.
2 It's on the shelf below the sink.
3 It's not expensive.

少年：ママ，頭がすごく痛いんだけど。
母親：薬を飲む？
少年：うん。どこにあるの？
1 ここから遠くないわよ。
2 流しの下の棚にあるわよ。
3 値段が高くないわよ。

No.5 ▶会話から業者は今日来られないということをつかみます。女性は男性が直せるかと尋ねているので，**1**が適切です。

▶**読まれた英文と意味**

Woman: Honey, the sink is clogged again.
Man: We'll have to call the plumber.
Woman: He's not working today. Can you see if you can fix it?
1 I'll see what I can do.
2 He's very good.
3 Sure. When is he available?

女性：あなた，また流しがつまっているわ。
男性：パイプ屋さんに電話しないといけないね。
女性：彼は今日お休みよ。あなたが直せるかどうか見てくれない？

1　何ができるか見てみるよ。
2　彼はとても上手だよね。
3　もちろん。彼はいつ来られるかな。
No.6 ▶仕事で遅れるという男性に，女性があまり遅れないようにと言った後の発言です。1と3は的はずれです。
▶読まれた英文と意味
Woman: Dean, are you coming over tonight? We need to organize the camping trip.
Man: Yes, Nicole, but I might be a bit late because of work.
Woman: OK, but don't be too late.
1　I always study late anyway.
2　I'll try and finish as early as possible.
3　I have to wake up early.
女性：ディーン，今晩は来る予定？ キャンプ旅行の準備を進める必要があるわ。
男性：うん，ニコル，でも仕事で少し遅くなるかもしれない。
女性：わかった。でもあまり遅くなりすぎないでね。
1　いずれにしろ，いつも遅くまで勉強しているから。
2　できるだけ早く終わらせるように頑張ってみるよ。
3　早く起きないといけないんだ。

29 リスニング問題のテクニック②
第2，3部：内容一致選択
95ページ

No.1　**3**　No.2　**4**　No.3　**1**　No.4　**2**
No.5　**4**　No.6　**4**　No.7　**1**　No.8　**1**
No.9　**1**　No.10　**1**

解説 **No.1** ▶1「彼はそこを見つけられませんでした」，2「彼はひどい道案内を受けました」，3「そこは閉まっていました」，4「彼は仕事に戻らなければなりませんでした」。会話の後半からその日はすでに郵便局(post office)が閉まっていることがわかります。Thanks anyway. は，望むような結果が得られなかったものの，相手の好意に感謝するときの表現です。
▶読まれた英文と意味
Man: Excuse me. Is there a post office near here?
Woman: Yes, sir. There's one just around the corner. It closes at 3:00.
Man: It's already past 3:00 so I guess I'll have to go tomorrow. Thanks anyway.
Woman: You're welcome.
Question: Why didn't the man go to the post office?
男性：すみません。この近くに郵便局はありますか。
女性：はい。角を曲がったところに1つあります。3時に閉まりますよ。
男性：もう3時を過ぎているので，明日行かなければなりませんね。いずれにしろ，ありがとうございました。
女性：どういたしまして。
質問：なぜ男性は郵便局に行かなかったのですか。
No.2 ▶1「3階」，2「5階」，3「通りの先のショッピングモール内」，4「通りの先の新しい建物の中」。場所を尋ねる会話です。used to は「かつては～であった」の意味で，現在は違うことを示唆します。最後の発言から正解は **4** です。
▶読まれた英文と意味
Woman: Excuse me, sir. Are New City Realty's offices in this building?
Man: They used to be on the third floor, but they moved out last month.
Woman: Do you happen to know where they are now?
Man: I heard they moved into the new building down the street.
Question: Where are New City Realty's new offices?
女性：すみません。ニューシティー不動産の事務所はこのビルにありますか。
男性：以前は3階にありましたが，先月引っ越しました。
女性：今どこにあるかご存じではないですか。
男性：通りの先の新しい建物に移ったと聞きましたよ。
質問：ニューシティー不動産の事務所はどこですか。
No.3 ▶1「プロのジャズシンガーになりたいと思っています」，2「法律事務所の一員になりたいと思っています」，3「ピアノの先生になりたいと思っています」，4「ジャズピアニストになりたいと思っています」。選択肢を参考に，職業に注意して会話を聞きましょう。女性が目指しているのはプロのジャズシンガーです。
▶読まれた英文と意味
Man: What are you going to do after you graduate from university, Flora?
Woman: I want to be a professional jazz singer. I know it's hard, but that's what I want to do.
Man: I didn't know you were a singer.

woman: Yes, I've been singing since I was a child. I also play the piano.
Question: What does Flora want to do after she graduates?

男性：大学を出たら何をするの，フローラ？
女性：プロのジャズシンガーになりたいです。難しいことはわかっているけれど，それがやりたいことなのです。
男性：あなたが歌手だとは知らなかった。
女性：はい，子供の頃からずっと歌っています。ピアノも弾くんですよ。
質問：フローラは卒業後に何をしたいと思っていますか。

No.4 ▶ 1「彼は電話を持っていません」，2「彼のおじは電話番号を残しませんでした」，3「彼のおじは彼の電話番号を知りませんでした」，4「彼は忙しすぎます」。選択肢から電話に関する話題だと推測できます。電話をかけてきたのはおじの方であり，最後のやりとりから **2** が正解だとわかります。I'm afraid not. は，相手の発言内容に対して「あいにくそうではない」と返すときに用いる表現です。

▶読まれた英文と意味

Man: Hello, my name is Noel Edwards and I'm staying in room 405. Do I have any messages?
Woman: Yes, Mr. Edwards. Your uncle, Mr. Scott Thompson, called, and he would like you to call him back.
Man: Thank you. Did he leave a number to call? I don't know his number.
Woman: I'm afraid not.
Question: Why can't Noel call his uncle?

男性：こんにちは，ノエル・エドワーズです。405号室に泊まっています。何か伝言はありますか。
女性：はい，エドワーズさま。おじさまのスコット・トンプソンさまから電話がございました。お電話をいただきたいとのことです。
男性：ありがとう。彼は番号を残しましたか。僕は彼の番号を知りません。
女性：いいえ，残念ながら。
質問：なぜノエルはおじに電話できないのですか。

No.5 ▶ 1「明日の2時」，2「今日の3時」，3「昨日の2時」，4「明日の3時」。2時あるいは3時，そして昨日，今日あるいは明日の選択です。男性が「明日の3時に変更したい」と希望を伝えたところ，それが問題なく通っています。

▶読まれた英文と意味

Woman: Dr. Green's office. How may I help you?
Man: My name is Donald Hope. I need to change my appointment from 2 o'clock today to 3 o'clock tomorrow.
Woman: Hello, Mr. Hope. Let me just check the schedule. OK, we have a slot open at 3 o'clock tomorrow.
Man: That's great. Thank you very much.
Question: What time is Mr. Hope's appointment?

女性：グリーン医師のオフィスです。いかがなさいましたか。
男性：ドナルド・ホープと言います。予約を今日の2時から明日の3時に変更する必要があるのですが。
女性：こんにちは，ホープさん。予定を確認させてください。はい，明日の3時は空いています。
男性：よかった。ありがとうございます。
質問：ホープ氏の予約は何時ですか。

No.6 ▶ 1「彼女の目覚まし時計はとてもやかましいからです」，2「彼女は複数の目覚まし時計を持っているからです」，3「彼女は早く寝るからです」，4「彼女の目覚まし時計は明かりをつけるからです」。選択肢から「目覚まし時計（alarm clock）」に注目して聞きましょう。説明の中で「明かり（light）」が言及されています。

▶読まれた英文と意味

Carolyn wakes up early every day, and is never late for school. Her secret is her alarm clock — instead of ringing, it automatically turns on a light. It is much more pleasant waking up to light than a loud noise. If she had an alarm clock that rang, she would probably shut it off and go right back to sleep.
Question: Why is Carolyn never late for school?

キャロラインは毎朝早く起きて，決して学校に遅れません。その秘密は目覚まし時計です——リンリンと鳴る代わりに，自動的に明かりをつけるのです。やかましい音で目覚めるよりも明かりで起きるほうがずっと快適です。仮に彼女が音を鳴らす目覚まし時計を持っていたら，彼女はおそらくそれを止めて眠りに戻ってしまうことでしょう。
質問：なぜキャロラインは決して学校に遅れないのですか。

No.7 ▶ 1「値段が高すぎたからです」，2「あまりよい地域ではなかったからです」，3「小さすぎたからで

す」，4「古すぎたからです」。質問は否定疑問文で，「なぜ買わなかったのか」を尋ねています。over their budget は「予算を超えている」という意味です。
▶読まれた英文と意味
Ron and Emma have recently started looking for a house. They want to buy a big house in a nice neighborhood to raise their children. They eventually found what they were looking for, but it was way over their budget. After consulting a real estate agent, they are now thinking they may have to settle for a smaller house.
Question: Why didn't Ron and Emma buy the house?
ロンとエマは最近家探しを始めました。彼らは子供を育てるために，すてきな地域に大きな家を買いたいと思っています。彼らはやがて望んでいたような家を見つけましたが，予算を大きく超過していました。不動産業者に相談し，彼らは今ではより小さな家に住まなければならないかもしれないと考えています。
質問：なぜロンとエマは家を買わなかったのですか。

No.8 ▶ 1「スキーヤーに悪天候について警告するため」，2「スキーヤーに山が今晩早く閉まることを教えるため」，3「スキーヤーが1人行方不明であると伝えるため」，4「スキーヤーにシーズン・パスの特別割引について教えるため」。アナウンスの目的について尋ねられています。アナウンスは天候とその影響についてです。
▶読まれた英文と意味
Attention, skiers. Due to poor weather conditions, our black diamond runs are closed for the evening. All other runs are open, but please ski with caution. Members of the ski patrol are available to assist you should you need help. Please listen for updates every half hour. Thank you for your attention.
Question: What is the purpose of this announcement?
スキーヤーの皆さま。悪天候により，当ブラックダイアモンド・コースは今晩閉鎖いたします。そのほかのコースはすべて開放しておりますが，どうぞ注意して滑ってください。もし助けが必要であれば，スキーパトロール員が対応いたします。30分ごとに新着情報をお聞きください。ありがとうございました。
質問：このアナウンスの目的は何ですか。

No.9 ▶ 1「電車の中で新聞を読みます」，2「ラジオを聴きます」，3「職場まで自転車に乗ります」，4「メッセージを確認します」。行動を選ぶ問題です。言及されているのは1です。
▶読まれた英文と意味
Nicole has the same routine every morning. After she stretches for a few minutes, she goes jogging for an hour. Then she takes a shower, eats breakfast and leaves her house at 8:30. She reads the morning paper on the train and arrives at her office at 9:00. Nicole likes her morning routine because it helps her focus better at work.
Question: What is one thing Nicole does every morning before work?
ニコルは毎朝同じ日課をこなします。数分間のストレッチの後，彼女は1時間のジョギングをします。その後シャワーを浴び，朝食を食べ，8時半に家を出ます。電車の中で朝刊を読み，9時に職場に着きます。仕事への集中に役立つため，彼女は自分の朝の日課を気に入っています。
質問：ニコルが毎朝仕事の前にすることの1つは何ですか。

No.10 ▶ 1「マヤ文明の時代」，2「アステカ文明の時代」，3「18世紀」，4「第2次世界大戦後」。時代を聞き取る問題です。固有名詞に注意して聴きましょう。
▶読まれた英文と意味
Chichen Itza is a famous historical site in Mexico, built during the Maya civilization. It is a UNESCO World Heritage site and draws many tourists from all around the world. In the center of the site is a large pyramid, with stairways on all four sides leading to the temple at the top. The site has many stone buildings, including temples, stages, and ball courts.
Question: When was Chichen Itza built?
チチェン・イツァはメキシコの有名な歴史的遺跡で，マヤ文明の時代に建造されました。ユネスコ世界遺産であり，世界中から多くの観光客を集めています。遺跡の中心には大きなピラミッドがあり，その四方にある階段は頂上の寺院へと続いています。この遺跡には，寺院，舞台，舞踏場など多くの石の建造物があります。
質問：チチェン・イツァが作られたのはいつですか。

模擬試験

98ページ

1
(1) 3　(2) 3　(3) 4　(4) 2
(5) 2　(6) 1　(7) 1　(8) 2
(9) 3　(10) 1　(11) 2　(12) 4
(13) 1　(14) 4　(15) 3　(16) 2
(17) 2　(18) 4　(19) 1　(20) 4

解説 (1) A：そのキーホルダーを返しなさい。さもないとたたきますよ。私は本気です。
B：落ち着いて，キャロル。とてもきれいだから見たかっただけなのです。
▶ 1「きちんとした」，2「勤勉な」，3「本気の」，4「完全な」。A は怒っているので，それが「本気」だと伝えていると考えられます。

(2) A：ケイト，科学の本を読んでいるのですか。おもしろいですか。
B：ええ。この本は今とても人気があって，よく売れているのですよ。
▶ 1「上昇している」，2「横になっている」，3「売れている」，4「増加している」。話題になっている本はとても人気があるので，よく「売れている」と考えられます。

(3) 町にあるいくつかのイタリアン・レストランの中で，ブレンダは「スプレモ」を一番気に入っています。彼女はよく家族とそこに行きます。
▶ 1「簡単に」，2「正直に」，3「めったにない」，4「頻繁に」。一番好きなレストランなので，「頻繁に」通っていると考えられます。

(4) A：この店の服はほとんどが高くないですよね。
B：ええ，でも質はあまりよくないですよ。
▶ 1「習慣」，2「質」，3「源」，4「品物，記事」。but に着目すると，値段は安いけれども「質」はよくないと考えられます。article には「品物」という意味がありますが，可算名詞なので複数形にする必要があります。

(5) 大統領が昨晩出した声明は，国民を驚かせました。なぜなら，彼は健康上の理由で辞任することを明らかにしたのです。
▶ 1「慣習」，2「声明」，3「招待」，4「言い訳」。大統領が何かを明らかにするために行い，それによって国民が驚く可能性があるのは「声明」です。make a statement で「声明を出す」という意味です。

(6) A：イングランドで勉強する目的は何ですか。
B：ええと，祖母がロンドン出身なので，彼女の母国を見てみたかったのです。
▶ 1「目的」，2「影響」，3「原因」，4「結果」。B が理由を説明していますので，A は「目的」を尋ねたのだと考えられます。one's purpose in doing また the purpose of doing で「～する目的」という意味です。

(7) エリーは父親のことを心配しています。なぜなら彼は，先週からずっとひどい風邪を引いて寝込んでいるのです。彼女は彼がすぐに回復することを願っています。
▶ 1「回復する」，2「～を雇う」，3「～を罰する」，4「～を除外する」。父はひどい風邪で寝込んでいるので，エリーは「回復する」ことを願っていると考えられます。

(8) よい体調を保つためにすべきことがいくつかあります。例えば，毎日十分な睡眠をとることは，私たちの健康にとってとても重要です。
▶ 1「休息」，2「状態」，3「模様」，4「信号」。話題が健康に関することなので，stay in good shape「よい体調を保つ」とします。

(9) ゆうべの豪雨の間に，ベンの家の屋根が雨漏りし始めました。彼はそれを自分で修理できると考えていますが，彼の妻は彼にあまり期待していません。
▶ 1「～を避ける」，2「～を装飾する」，3「～を修理する」，4「～を借りる」。屋根が雨漏りしているので，それを「修理する」必要があると考えられます。not expect much of ～ で「～にあまり期待しない」という意味です。

(10) 12歳の女の子が，犬が溺れているところを救ったというニュースは，全国にすぐさま広まりました。エマという少女はその勇気を称えられました。
▶ 1「称賛されて」，2「許されて」，3「雇われて」，4「除外されて」。女の子の勇気ある行動は「称賛された」のだと考えられます。〈praise ＋人＋ for ～〉で「～のことで(人)を称賛する」という意味です。

(11) 2匹のクモを指し示しながら，ジムの先生は「どちらも見た目は似ていますが，一方は毒を持ち，もう一方には毒がありません」と言いました。
▶ 1「～は別として」，2「～に似ていて」，3「～にうんざりして」，4「～に慣れていて」。but 以下で2匹のクモの違いを説明していますから，その前では「似ている」と言っていると考えられます。

(12) トムは来月に沖縄で開催されるトライアスロンに出場するつもりなので，とても一生懸命にトレーニングをしています。彼は 20 位以内でゴールすることを目指しています。
▶ 1「～に接して」，2「～のために」，3「～とともに」，4「～において」。take part in ～ で「～に参加[出場]

025

する」という意味です。

⒀ A：今日，ショッピング・モールで誰にばったり会ったかわかりますか。ボブと彼のガールフレンドですよ！
B：そうなの？　彼らは間もなく結婚するのよね？
▶ 1「～にばったり会った」，2「～に似た」，3「～を克服した」，4「～を尊敬した」。ショッピング・モールで起こることなので，誰かに「ばったり会った」のだと考えられます。

⒁ モーガンさんの唯一の望みは，彼女の2人の息子が，どちらも東京に住んでいたのですが，彼女に会いにサン・マテオに来てくれることでした。それは彼女の70歳の誕生日に実現しました。
▶ 1「離陸した」，2「迷子になった」，3「見下ろした」，4「実現した」。It が Ms. Morgan's only wish を指すと考えると，「実現した」のだと推測できます。

⒂ ドリスは自転車にまたがって，まさに歯医者に行こうとしていたとき，雨が降り始めました。彼女は注意深い人なので，自転車ではなく歩いてそこまで行くことにしました。
▶ 1「～に従って」，2「注意深く」，3「～ではなく」，4「何としてでも」。on foot「徒歩で」と by bicycle「自転車で」という異なる手段をつなぐ表現を考えます。

⒃ マークは，消防士が火事を消そうとしているのをテレビで見て，彼らの勇敢さに感動したとき，10歳でした。それ以来，彼は彼らの一員になりたいとずっと思っています。
▶ 1「勃発する」，2「(火)を消す」，3「～を維持する」，4「～を占める」。消防士は火事を「消そう」として努力するはずです。

⒄ A：私は大学に行くべきだと思いますか。母は行くべきだと言うのですが，自分では行きたいのかわからないのです。
B：すべてはあなたしだいですけど，もし私があなただったら，行きませんね。
▶ 1「はるかに」，2「～しだいで」，3「もはや～ない」，4「～へ行く途中で」。A は大学に行くべきかどうかを尋ねているので，B はあなた「しだい」だと答えたと考えられます。

⒅ A：昨日はジョーと映画を見に行ったのですか。
B：はい，とてもおもしろかったですよ。ジョーは気に入らなかったのですけどね。
▶ 1「同じ程度に」，2「いずれか」，3「…だけれども」，4「…だけれども」。空所に入るのは副詞なので，接続詞の while は不適切です。though は副詞として文末に置かれて「…だけれども」という意味を表すことがあります。although にはこのような用法はありません。

⒆ ニコルは，日本語が堪能なのですが，日本語をどうやって身につけたのか尋ねられると，子供のときに日本のアニメに夢中になったのだと常に答えます。
▶ 1「～に」，2「～とともに」，3「～によって」，4「～まで」。be absorbed in ～ で「～に夢中になっている」という意味です。

⒇ その自動車レースは雨の中行われ，その結果，3分の2の自動車がゴールできませんでした。フレッドは，レースは中止されるべきだったと思いました。
▶ 選択肢は cancel「～を中止する」のさまざまな形です。主語 it は the race を指すので，動詞は受け身の形になると考えられます。残念な気持ちを表す should have *done* の形が適切です。

2　㉑ 1　㉒ 4　㉓ 3　㉔ 3
　　㉕ 4　㉖ 2　㉗ 1　㉘ 2

解説　㉑ A：ねえ，ハリー。水曜日にあなたがジムにいるところを見かけましたよ。その曜日によく行くのですか。
B：いいえ，ふだんは週末に行きます。あなたはふだんは水曜日に行くのですか。
A：ふだんはそうです。来週，私とご一緒しませんか。
B：ええ，もちろんです。トレーニングを行うパートナーがいたほうがいいでしょうから。
▶ 1「来週，私とご一緒しませんか」，2「通うのにいくら払っているのですか」，3「ひと月に何回通っているのですか」，4「そこでいつから運動をしているのですか」。B は Yeah, sure. と言っているので，A は何かを提案したと考えられます。

㉒ A：今夜は映画を見たくないですか，エリカ。
B：見られるかどうかわかりません。宿題がたくさんあって，時間があまりないのです。
A：心配しないで。私が借りた映画はたった1時間しかありません。
B：だったら見ましょう。
▶ 1「これらの本を(図書館から)借りました」，2「すでに部屋を予約しました」，3「それはどのようなものでしょうか」，4「時間があまりないのです」。B は宿題がたくさんあるため，「時間があまりない」と考えられます。

㉓ A：あなたの髪型はとても素敵ですね，バーバラ。カットしてもらったばかりですか。
B：ええ，昨日です。担当してくれるヘア・スタイリストのところへ月1回の訪問をしてきたのです。

A：私もすぐに行く必要があるのですが，私が行くサロンはいつも空きが全然ないのです。
B：私が行くサロンでカットしてもらうべきですよ。いつだって空いている時間がありますから。
▶ **1**「仕事のあとに行くには忙しすぎるようですね」，**2**「私の髪型は今すぐカットするには短すぎます」，**3**「私が行くサロンはいつも空きが全然ないのです」，**4**「私が予想していた以上に高額です」。カッコのあとでBが自分の通っているサロンを「いつも空きがあるから」と言ってすすめています。したがって，「私が行くサロンはいつも空きが全然ない」と言っていると考えられます。

㉔ A：こんにちは。事務所を塗るためのペンキが必要なのですが。
B：おまかせください。何色が必要ですか。
A：部屋を優雅でモダンに見せたいので，明るい青やシルバーかなと考えていました。
B：ぴったりの色があると思いますよ。
▶ **1**「あなたの事務所はどこですか」，**2**「いつそれが必要ですか」，**3**「何色が必要ですか」，**4**「部屋はどれくらいの頻度で塗りますか」。Aが明るい青やシルバーという色を答えているので，Bは「何色が必要ですか」と尋ねたと考えられます。

㉕㉖ A：このホテルは宿泊客のためにエクスカーションの用意があるみたいですね。すべてがわかるパンフレットがここにありますよ。
B：まあ，アクティビティーにはどんなオプションがあるのですか。
A：たくさんあるみたいですね。スキューバ・ダイビングをしたり，ハイキングをしたり，マッサージを受けることもできます。
B：マッサージは家でもできそうですね。もっと異国ならではのことをしたいですね。
A：あなたの言う通りですね。それでしたらスキューバ・ダイビングはどうですか。
B：楽しそうですね。あなたもそれをしたいと思いますか。
A：水が冷たすぎなければ，私もかまいません。
B：水は心地よくて温かいと思いますので，問題ないはずですよ。
㉕ ▶ **1**「長い時間かからないでしょう」，**2**「夜に始まります」，**3**「私がまず選ぶものです」，**4**「家でもできそうですね」。カッコのあとでBはもっと異国ならではのことをしたいと答えているので，マッサージは「家でもできそう」だと考えているはずです。
㉖ ▶ **1**「私の姉［妹］が私たちが出発する前にここに着きます」，**2**「水は冷たすぎません」，**3**「彼らはあなたに泳ぎ方を教えてくれます」，**4**「彼らは装備を提供してくれます」。Aの発言を受けてBが水は温かいと思うと答えているので，Aは「水が冷たすぎない」という条件ならスキューバ・ダイビングをするのだと考えられます。

㉗㉘ A：今週末にキャンプに行くと聞きましたよ。本当ですか。
B：ええ，その通りです。行くことをとても楽しみにしています。実は私が行くのはこれが初めてなのです。
A：まあ，本当ですか。一度も行ったことがないとなると，危険そうですね。本当に大丈夫ですか。
B：ええ，特に兄と一緒に行くのでね。
A：まあ，あなたのお兄さんはよくキャンプに行くのですか。
B：ええ，いつもです。テントを張ったり火を起こしたりすることについて何でも知っています。さらに彼は魚を釣って料理するのがとても得意なのです。
A：それはそそられますね。楽しい旅行になることを願っています。
B：ええ，ありがとうございます。
㉗ ▶ **1**「兄と一緒に行きます」，**2**「たくさん食べ物を買います」，**3**「一緒に車を持っていきます」，**4**「キャンプの本をたくさん読んでいます」。Aは，キャンプ初心者のBを心配しています。したがってBは，安全である理由を答えていると考えられます。「（経験・知識が豊富な）兄と一緒に行く」なら安心です。
㉘ ▶ **1**「地図を読むこと」，**2**「魚を釣って料理すること」，**3**「珍しい動植物を見つけること」，**4**「救急箱を使うこと」。Bの発言のあとにAがおいしそうだ[そそられる]と答えているので，Bは兄について「魚を釣って料理する」のが得意なのだと説明したと考えられます。

3 ㉙ 2，3 ㉚ 3，2 ㉛ 5，4
㉜ 5，4 ㉝ 2，5

解説 ㉙ A：最近あなたのお父さんを見かけていません。お元気にしていますか。
B：元気です。彼が病気を克服してから1年近くになります。It has been almost a year (since he has gotten over his illness).
▶現在完了に続くので接続詞 since が導く節を作ります。get over ～ は「～を克服する」です。
㉚ A：レポートはもう終わりましたか。
B：ええ，終わりました。あなたの助言がなかったら，今もまだそれをやっていたでしょう。I would be still

working on it (if it had not been for) your advice.
▶主節の would に着目して仮定法にします。ここでは if 節が過去の事柄と反対の内容，主節[帰結節]が現在の事柄の反対の内容を表す形にします。

(31) ヨウコは8歳のときに初めてのカメラを父親からもらいました。もし父親がそのカメラを彼女にあげていなかったら，彼女は写真家にはならなかったでしょう。She (wouldn't have become a photographer if) he hadn't given her the camera.
▶wouldn't と if に着目して仮定法の文を作ります。ここでは過去の事柄と反対の内容を表す仮定法過去完了にします。

(32) A：誰か犬好きな人を知りませんか。スティーブが来週出かけている間，彼の犬の面倒をみてくれる人をさがしているのです。Steve is looking for someone who (can look after his dog while) he is away next week.
B：たぶん，ルイーズが大丈夫ですよ。彼女に尋ねてみます。
▶look after ～ は「～の面倒をみる」，while は接続詞で「…の間」という意味です。

(33) 飛行機に搭乗する前に，乗客はすべての手荷物が検査されるセキュリティ・チェックを通過しなければなりません。Before boarding their airplane, passengers have to go through (a security checkpoint where all their belongings are) checked.
▶go through ～「～を通過する」のあとには場所を表す名詞がくると考えられます。さらにこの名詞を関係副詞 where 節が修飾すると考えられます。

4A (34) 4 (35) 3

(34) ▶1「～を読む」，2「～を借りる」，3「～を投げる」，4「～を送る」。彼の友だちや家族が旅行のときにすることを考えます。彼らはビニーにはがきを「送る」はずです。

(35) ▶1「高くない」，2「つまらない」，3「貴重な」，4「大きい」。コレクションについては同じ文で rare「珍しい」，同段落の最後から2文目で prized「貴重な」と説明されています。こうした説明に反しない単語を選びます。
▶長文の意味

ビニーのコレクション
　ビニーははがきを集めています。彼は旅行するときはいつでも，常に何枚ものはがきを自宅に持ち帰り，自分のコレクションに加えます。彼の友だちや家族が旅行をすると，彼らは必ずビニーにはがきを送ります。ビニーはいつもそれをありがたいと思っていて，バインダーに加えるのです。彼ははがきを作られた町と国によって分類しています。彼は，世界博覧会やスポーツ・イベントのような歴史的なイベントにちなむ古いはがきを買ったことさえあります。
　ある日，ビニーはインターネット上ではがきを探していると，ある別の収集家が自分の全コレクションを売りに出していることに気づきました。それには珍しくて貴重なカードがたくさん含まれていました。しかしながら，その収集家はコレクションの送料を払いたくないと思っていました。ビニーはそのはがきを受け取るために200キロを超える距離を自動車で行かなければなりませんでした。とはいえ，そのコレクションにはたくさんの貴重なカードがあったので，彼は気にしていませんでした。その市を訪れている間，彼はほかのはがきを買ったりさえしました。

4B (36) 4 (37) 2 (38) 1

解説 (36) ▶1「正しい」，2「明らかな」，3「遅い」，4「深刻な」。カッコのあとに，約50万人がインフルエンザで亡くなるとあることから，一部の人々にとってインフルエンザは，はるかに「深刻な」病気なのだと考えられます。

(37) ▶1「成長する」，2「変わる」，3「開く」，4「走る」。カッコのあとで，年によってインフルエンザのタイプが異なる可能性について説明されており，さらに Since the flu is always changing, the shot needs to change as well. 「インフルエンザは常に変化しているので，予防接種も変化する必要があります」とあります。

(38) ▶1「予測する」，2「書く」，3「続く」，4「～を組織化する」。次の文の however に着目し，guess wrong「誤った推測をする」と反対の意味になるものを選びます。
▶長文の意味

インフルエンザ予防接種
　毎年，医師は全員にインフルエンザ予防接種を受けるようにすすめます。この予防接種によって，インフルエンザにかかるのを防ぐことができます。それはまた，誰にもインフルエンザをうつさないということでもあります。多くの人々にとって，インフルエンザにかかるのは不快なことですが，1週間程度しか続かないのが通例です。しかしながら，一部の人々にとっては，インフルエンザははるかに深刻なものになりかねません。約50万人の毎年インフルエンザで亡くなっ

ています。だからインフルエンザの拡散を予防することが大事なのです。

　多くのほかのワクチンは1度だけ接種する必要があります。はしかのような病気は子供のときに一度予防接種を受ければ防ぐことができます。インフルエンザは違います。毎年新たに予防接種を受ける必要があるからです。これは，多くのさまざまなタイプのインフルエンザ・ウイルスがあるからです。また，こうしたインフルエンザのタイプは常に変わります。今年かかったインフルエンザは昨年予防接種を受けたインフルエンザとは異なるかもしれないのです。インフルエンザは常に変化しているので，予防接種も変化する必要があります。新たなインフルエンザ予防接種はそれぞれ，今年流行するであろうタイプのインフルエンザから守るためにあるのです。

　科学者や医師は，どんなタイプのインフルエンザがその年に最も流行するかを解明しなければなりません。1度のインフルエンザ予防接種で防ぐことができるのは2，3種類のインフルエンザにすぎません。多くの場合，専門家たちは正しく予測し，多くの人々がその病気から守られます。しかしながら，ときには誤った推測をして，ふだん以上に多くの人々がインフルエンザにかかることもあります。だから政府や科学者は，毎年どんな予防接種を作ればよいかを努力して調べるために，非常に多額のお金を投じているのです。

5 A (39) **2**　(40) **1**　(41) **2**

解説　(39) ステフアニーは…ためにシカゴに行くつもりです。
▶ **1**「高校時代の友人に会う」，**2**「感謝祭を祝う」，**3**「年次のタウン・ミーティングを開催する」，**4**「姉[妹]に七面鳥の料理方法を教える」。第1段落第4文に「今年の感謝祭のディナーを催してくれてありがとうって，ママにきっと伝えてね」とあります。
(40) ステフアニーはパトリシアに何を尋ねていますか。
▶ **1**「パトリシアが彼女に何か持ってきてほしいかどうか」，**2**「パトリシアが彼女の家に泊まりたいかどうか」，**3**「パトリシアがシカゴのどこで食事をすべきか知っているかどうか」，**4**「パトリシアが何時にディナーが始まるか知っているかどうか」。第2段落第1文に「ポートランドから何か持ってきてほしいものはあるかしら」，第3文には「どんなスナックが欲しいのか，書いて知らせてね」とあります。
(41) ステフアニーがパトリシアの家に泊まらないつもりだと言っている理由は，
▶ **1**「パトリシアは夜遅くまで話すのが好きではないからです」，**2**「パトリシアはステフアニーの娘がアレルギーを持っているペットの動物を飼っているからです」，**3**「ステフアニーは子供たちの面倒をみるのに忙しすぎてディナー・パーティを催せないだろうからです」，**4**「ステフアニーは自分が休暇中に泊まる快適なホテルを見つけたからです」。第3段落第3，4文に「最近わかったことなのだけれど，娘のサマンサが猫アレルギーなの。あなたは猫を飼っているから，そこには泊まれないのよ」とあります。
▶**長文の意味**
送信者：ステファニー・ゲイナー
宛先：パトリシア・クレペック
日付：2015年11月13日
件名：ママの家でのディナー
パトリシアへ，
　2週間後に会えるのでうれしいわ。シカゴに行くのはずいぶん久しぶりよ。みんなに会うのを楽しみにしているわ。今年の感謝祭のディナーを催してくれてありがとうって，ママにきっと伝えてね。彼女の自家製ターキーは，いつだって私の大のお気に入りよ。

　ポートランドから何か持ってきてほしいものはあるかしら。あなたの子供たちの中には，ここでしか買えないベリー・キャンディーが好きな子がいたわよね。どんなスナックが欲しいのか，書いて知らせてね。私たちは飛行機でシカゴに行くつもりなので，かばんの中には2，3の物を入れる余裕しかないことを忘れないでね。

　休暇中にあなたの家に泊めてくれると言ってくれてありがとう。でも，そちらにいる間はホテルに泊まったほうがいいと思うの。最近わかったことなのだけれど，娘のサマンサが猫アレルギーなの。あなたは猫を飼っているから，そこには泊まれないのよ。こんなに直前のことだけれど，休暇中のホテルが見つかるといいわ。一緒にすごす時間が少なくなってしまうので悲しいけれど，お話しする時間があることを願っているわ。
じゃあね
ステファニー

5 B (42) **3**　(43) **1**　(44) **4**　(45) **2**
解説　(42) ポーカーは…と言われています。
▶ **1**「2003年に発明されてからずっと人気がある」，**2**「1800年代に特にカウボーイの間で人気を博した」，**3**「19世紀始めにアメリカ合衆国で生み出された」，**4**「蒸気船でしか楽しめないゲームだった」。第1段落第2文に「ポーカーは，1800年代初めにアメリカ合

029

衆国で発明されたと考えられていて，…」とあります。

(43) オンライン・ポーカーが生まれる前，人々がポーカーの練習をする上で妨げとなっていたことは何ですか。

▶1「プレイヤーはカジノに行かなければなりませんでした」，2「ルールが頻繁に変わりました」，3「覚えるべき戦術がたくさんありました」，4「多くのカジノが閉鎖されました」。第2段落第3,4文に「過去には，人々はポーカーをするためにカジノに行かなければならず，しかもこうしたカジノは国内の特定の場所にしかありませんでした。それは，カジノの周囲に住んでいる人かカジノまで旅行する余裕がある人しかポーカーの練習をできないことを意味していました」とあります。

(44) 過去にテレビ放送されていたポーカーがおもしろくなかった理由は，

▶1「熟練したプレイヤーが数人しかいなかったからです」，2「大会中はアナウンサーがいなかったからです」，3「ほとんどの人々はポーカーの基本的なルールを知らなかったからです」，4「視聴者はプレイヤーのカードを見て，彼らの戦術を追うことができなかったからです」。第3段落第3文に「プレイヤーがどんなカードを持っているかわからないため，…」，第4文には「…，そのおかげで聴衆はどんなカードをプレイヤーが持っているのかわかるため，ゲームはいっそうおもしろくなりました」とあります。

(45) ホッケーのストライキはポーカーにどんな効果を与えましたか。

▶1「一部のホッケー選手がポーカー・プレイヤーになりました」，2「そのおかげでテレビでポーカーを放送する時間が多くなりました」，3「ホッケー場がポーカー大会のために使われました」，4「人々はホッケーの試合に行く代わりにカジノへと行きました」。第3段落最終文に「スポーツ・チャンネルはホッケーの試合を放送できなかったため，ポーカー大会でその時間を埋めたのです」とあります。

▶長文の意味

ポーカー・ブーム

だいたい2003年から2006年までの間に，アメリカ合衆国ではポーカー・ゲームの人気が非常に高まりました。ポーカーは，1800年代初めにアメリカ合衆国で発明されたと考えられていて，いつも国中で多少の人気がありました。それはカウボーイと，南部におけるかつての蒸気船内のカジノと密接なつながりがありました。しかしながら，ポーカーが本当に人気になったのは2003年になってからです。

これらの理由の1つはオンライン・ポーカーの発明にありました。より多くの人々が1990年代後半にインターネットを使えるようになるにつれて，ほかの人々とポーカーをすることが可能な人数も増えていったのです。過去には，人々はポーカーをするためにカジノに行かなければならず，しかもこうしたカジノは国内の特定の場所にしかありませんでした。それは，カジノの周囲に住んでいる人かカジノまで旅行する余裕がある人しかポーカーの練習をできないことを意味していました。しかし，いったんインターネットを使える人々が誰でもポーカーをできるようになると，ポーカーが上手な人々が増えていったのです。熟練者が増えると，さらに多くの人々が全国的なポーカー大会に出場するようになりました。

ポーカーが人気になったもう1つの理由は，テレビでそれまで以上に放送されるようになったことです。過去にポーカーがテレビで放送されることもありましたが，あまりおもしろくありませんでした。プレイヤーがどんなカードを持っているかわからないため，テレビ・アナウンサーはどう推移しているのかを話すのが困難だったのです。新しく，小型化されたカメラがポーカー大会のテーブル内に据えつけられると，そのおかげで聴衆はどんなカードをプレイヤーが持っているのかわかるため，ゲームはいっそうおもしろくなりました。また，ポーカーが人気になり始めたころ，アメリカ合衆国のホッケー・リーグはストライキに入りました。スポーツ・チャンネルはホッケーの試合を放送できなかったため，ポーカー大会でその時間を埋めたのです。

ポーカーは今では人気が少し低下したように見えますが，それでもテレビで大会を見ることができますし，オンライン・ポーカーはまだたくさんのプレイヤーを引きつけています。

第1部

No.1	3	No.2	1	No.3	2	No.4	3
No.5	1	No.6	2	No.7	1	No.8	3
No.9	1	No.10	1				

解説 **No.1** ▶話題にあがったエチオピアレストランにいつか招待するという発言に対しての受け答えなので3が適切。

No.2 ▶女性は郵便局に行く予定の男性に，請求書を投函してくれるように依頼している。男性の受け答えとして適切なのは1。

No.3 ▶女性がジャケットをたくさん買った理由がホームレス保護施設への寄付であったことを知った男

性の受け答えなので，**3** が適切。

No.4 ▶ 新しいキッチン・シンクを買いたいという男性。今のシンクは古く，さびがひどいことが悩み。よってさびないシンクを提案している **3** が適切。

No.5 ▶ 男性にラケットを借りようとしている女性。自分のものは線が切れてしまったが，借りたラケットは注意深く扱うという女性に対しての受け答えなので **1** が適切。

No.6 ▶ 男性が始めたという家庭菜園がトピック。菜園での栽培に適した野菜を提案している **2** が受け答えとして適切。

No.7 ▶ 男性は図書館で借りた本の返却を求められています。1週間前が期限だったという女性の発言への受け答えなので，**1** が適切。

No.8 ▶ 男性にジャズコンサートに誘われている女性。ジャズに興味がないと断っている **3** が適切。

No.9 ▶ もっと大きな車を購入する計画がある男性に，おそらくまたガソリン価格が上がるだろうと消極的な発言をしている女性。それを受けての男性の発言として適切なのは **1** 。

No.10 ▶ 女性から夕食に必要な材料の買い物をたのまれて店にいる男性。目当ての材料はなく，似たものを買う必要があるかを女性に尋ねています。適切な応答は **1** 。

▶ **読まれた英文と意味**

No.1
Woman: Have you ever eaten Ethiopian food?
Man: No I haven't. Is there anywhere in town that serves it?
Woman: Yes, there's an Ethiopian restaurant a block from my house. I'll invite you sometime.
1　This dish is very expensive.
2　It's about five minutes from here.
3　I would like that, thanks.
女性：エチオピアの食べ物を食べたことはありますか。
男性：いいえ，ありません。それを出すところが町のどこかにあるのですか。
女性：ええ，私の家の1区画先にエチオピア・レストランがあります。いつかご招待しますよ。
1　この料理はとても高いです。
2　ここから約5分です。
3　ぜひお願いします。ありがとう。

No.2
Man: Are you going to the post office?
Woman: Yes, I'm dropping off some letters. Do you need something?
Man: Would you mind mailing this bill for me? It's due tomorrow.
1　Of course, I'll do that.
2　Of course, I will pay $75.
3　Of course, the post office is closed on Sundays.
男性：郵便局に行く予定なのですか。
女性：ええ，手紙を出します。何か必要ですか。
男性：私の代わりにこの請求書を投函してくれませんか。明日が期日なのです。
1　もちろん，投函しますよ。
2　もちろん，75ドル支払いますよ。
3　もちろん，郵便局は土曜日は閉まっています。

No.3
Woman: I just bought ten jackets that were on sale for $10 each.
Man: That's a lot of jackets! Why did you get so many?
Woman: I'm actually going to donate them to a homeless shelter.
1　What a great deal we got.
2　That's a nice thing to do.
3　My size is medium.
女性：1着10ドルで特売されていたジャケットを10着買ったところです。
男性：それはたくさんのジャケットですね。どうしてそんなにたくさん買ったのですか。
女性：実はホームレスの保護施設に寄付するつもりなのです。
1　なんてよい買い物をしたのでしょう。
2　それはよいことですね。
3　私のサイズはMです。

No.4
Man: Hello, I would like to buy a new kitchen sink.
Woman: Of course. Is there a problem with your old sink?
Man: It's old and has gotten too rusty.
1　We get a shipment in on Monday.
2　Let me measure that for you.
3　We have plastic sinks that won't rust.
男性：すみません，新しいキッチン・シンクを買いたいのですが。
女性：かしこまりました。古いシンクに問題があるのですか。
男性：古くてさびがひどいのです。

031

1 荷物は月曜日に入荷します。
2 そのサイズを測らせてください。
3 さびないプラスチック製のシンクがありますよ。

No.5
Woman: Jim, can I borrow your tennis racket today?
Man: Of course. Did something happen to yours?
Woman: A string broke on mine, but I promise to be careful with yours.
1 Don't worry. I'm sure it'll be fine.
2 Don't worry. The match starts in an hour.
3 Don't worry. Yours is much better.

女性：ジム，今日あなたのテニスラケットを借りてもいいかしら？
男性：もちろんです。あなたのラケットはどうかしたのですか。
女性：私のは線が1本切れてしまったの。でもあなたのは注意深く扱うことを約束するわ。
1 心配しないでください。きっと大丈夫ですから。
2 心配しないでください。1時間後に試合が始まりますから。
3 心配しないでください。あなたのもののほうがはるかにいいです。

No.6
Man: I just started a garden for the first time this year.
Woman: That's sounds great. What are you growing?
Man: I'll be growing some carrots and celery and maybe some flowers.
1 It is supposed to rain through the rest of this week.
2 You should try cucumbers since they grow so well here.
3 The vegetables they grew were so delicious.

男性：ちょうど今年初の家庭菜園を始めたところです。
女性：楽しそうですね。何を育てているのですか。
男性：ニンジンとセロリ，もしかしたら花も育てるかもしれません。
1 今週はこれから週末まで雨のはずです。
2 ここならきゅうりがとてもよく育つので，試してみるといいですよ。
3 彼らが育てた野菜はとてもおいしかったです。

No.7
Woman: Hello, this is the Harrisburg Library. You have a book that is overdue.
Man: I'm sorry, I forgot I had one. What is the book?
Woman: It is *Peter Pan*. It was due one week ago.
1 I'll turn it in tomorrow morning.
2 I enjoyed the book very much.
3 Thanks, I was worried for a moment.

女性：もしもし，ハリスバーグ図書館です。期限切れの本がありますね。
男性：すみません，あったことを忘れていました。何の本でしょうか。
女性：『ピーターパン』です。1週間前が期限でした。
1 明日の朝に返却します。
2 その本を大いに楽しみました。
3 ありがとうございます。ちょっと心配していたのです。

No.8
Man: I'm going to a free concert tomorrow. Would you like to join me?
Woman: What kind of concert is it?
Man: It's a jazz concert in the park. People are going to bring food for picnics.
1 No thanks, that sounds too expensive.
2 No thanks, I already ate.
3 No thanks, I don't really like jazz.

男性：明日，無料のコンサートに行く予定です。あなたもご一緒にどうですか。
女性：何のコンサートですか。
男性：公園で行われるジャズコンサートです。みんなピクニック用に食べ物を持ってくるのですよ。
1 ご遠慮します。値段が高そうですから。
2 ご遠慮します。もう食べましたから。
3 ご遠慮します。ジャズはあまり好きではないものですから。

No.9
Woman: Gas prices have fallen so low recently.
Man: I know. I was thinking about buying a bigger car for that reason.
Woman: Hmm, prices will probably go up again, though.
1 You're right. I should probably hold off.
2 You're right. My current car is bigger.
3 You're right. I only paid $20 the last time I filled my car.

女性：ガソリン価格が最近はとても下がっていますね。

男性：そうなのです。だからもっと大きな車を買おうと思っていたのですが。
女性：うーん，値段はおそらくまた上がるでしょうけどね。

1　あなたの言う通りですね。おそらく購入しないでおいたほうがいいですね。
2　あなたの言う通りですね。今の車のほうが大きいですね。
3　あなたの言う通りですね。前回満タンにしたときはたった20ドルでしたから。

No.10

Man: Hi, sweetie, I'm at the store, and they don't have the ingredient you needed for dinner.
Woman: Hmm, that's too bad. Are you sure?
Man: Yes, I asked the clerk. Should I get something similar?

1　No, I'll just cook that some other time.
2　No, you don't have to stop by the store on the way home.
3　No, we will get about ten or so of them.

男性：もしもし，今お店にいるのだけれど，君が夕食に必要だという材料がないんだ。
女性：うーん，それは残念ね。間違いないのね？
男性：うん，店員に聞いたよ。何か似たものを買っていったほうがいいかな。

1　いいえ，あれはまた別の機会に料理するわ。
2　いいえ，帰ってくる途中で店に立ち寄る必要はないわ。
3　いいえ，それは10個くらい買うつもりよ。

第2部

No.11	3	No.12	1	No.13	4	No.14	2
No.15	3	No.16	4	No.17	3	No.18	2
No.19	1	No.20	3				

解説　No.11 ▶ 1「ユタ州に友人がいます」，2「休暇の予定はありません」，3「ロック・クライミングをして楽しみます」，4「女性の兄[弟]です」。会話全体から，男性はロッククライミングが大好きであることがわかります。

No.12 ▶ 1「男性の仕事が終わるのを待ちます」，2「雨の中を家まで歩きます」，3「男性が仕事を終わらせるのを手伝います」，4「姉[妹]と電話で話します」。会話の後半で男性は仕事が終わり次第，家まで女性を車で送るといっています。

No.13 ▶ 1「テレビを見ていました」，2「窓の修理をしていました」，3「ひどい風邪を患っていました」，4「部屋を掃除していました」。最初の男性の発言で，掃除をしていたと言っています。

No.14 ▶ 1「女性が客の名前を知っているかどうか」，2「女性が書類を郵送したかどうか」，3「女性が今夜遅くまで働けるかどうか」，4「女性が彼からのメッセージを受け取ったかどうか」。最初の男性の発言で，お客様宛に書類を送ったかを女性に尋ねています。

No.15 ▶ 1「古い曲を演奏します」，2「古い服を売ります」，3「新しい服を買います」，4「高い店を探します」。女性の最初の発言で，新しい服を買う必要があると言っています。

No.16 ▶ 1「今日，誕生日です」，2「約束に遅れています」，3「このレストランで食事をしたことがありません」，4「アレルギーを持っています」。会話の中盤で，男性はコショウにアレルギーがあり，コショウの入っていない料理がないかと頼んでいます。

No.17 ▶ 1「新しい住所を男性に伝えるため」，2「彼女は火曜日は都合がつくこを男性に知らせるため」，3「ごみがいつ収集されるかを尋ねるため」，4「新しい場所に引っ越すため」。女性は最初の発言で，新しい住所でいつゴミが収集されるかを知りたいと言っています。

No.18 ▶ 1「彼女はその味が好きではありません」，2「そのせいで彼女は目が覚めたままになります」，3「それはあまりにも高価です」，4「ジュースがセール中です」。男性にコーヒーをすすめられた女性は，午後にコーヒーの飲むと夜に眠れなくなると言って断っています。

No.19 ▶ 1「ビーチに行けるかどうか」，2「遅くまで起きていてもいいかどうか」，3「友達を連れて行ってもいいかどうか」，4「今すぐにデザートを食べてもいいかどうか」。女性は最初の発言で，週末にビーチに行ってもいいかどうかを尋ねています。

No.20 ▶ 1「授業についていくつか質問します」，2「彼女が欠席する理由を説明します」，3「その学生に課題を与えます」，4「その学生が書いた作文を見直します」。男性は授業を欠席しなければならないので，課題を事前にもらえないかと尋ねられています。女性はそれに対して，今ここで渡すと言っています。

▶**読まれた英文と意味**

No.11

Woman: Where are you going for vacation?
Man: I'm going to Utah to go rock climbing.
Woman: You go rock climbing every time you're on vacation.

Man: I just really like it, and this time I'm going with a friend.
Question: What do we learn about the man?
女性：休暇はどこに出かけるのですか。
男性：ユタ州にロック・クライミングをしに行きます。
女性：休暇になるといつもロック・クライミングに出かけるのですね。
男性：ただただ好きなのです。今回は友人と行きます。
質問：男性についてわかることは何ですか。

No.12
Man: Do you have an umbrella?
Woman: No, and the rain's going to get me all wet walking home.
Man: Don't worry, I'll drive you home once I finish work.
Woman: Really? Thanks a lot!
Question: What will the woman do next?
男性：傘は持っていますか。
女性：いいえ，だから家まで歩いて帰っているうちに雨でずぶ濡れになってしまうでしょうね。
男性：心配しないでください。仕事が片付いたら家まで車で送りますよ。
女性：本当ですか。本当にどうもありがとう！
質問：女性は次に何をするでしょうか。

No.13
Woman: Have you opened a window in there?
Man: Yes, I was just cleaning and wanted to air out the room.
Woman: Okay, just make sure to close it after you're done so the house doesn't get cold.
Man: I'll be sure to do that.
Question: What was the man doing?
女性：そこの窓を開けたの？
男性：うん，ちょうど掃除をしていたから，部屋の換気をしたくて。
女性：わかったわ。ただ終わったらちゃんと閉めてね。家が寒くならないように。
男性：もちろんそうするよ。
質問：男性は何をしていましたか。

No.14
Man: Did you send those documents to our clients?
Woman: Yes, I just sent them yesterday. They should arrive tomorrow.
Man: Good, those documents are important if we're going to keep working for that client.
Woman: I understand. I'll tell you when they receive them.
Question: What did the man want to know?
男性：あの書類をお客さんに送ってくれましたか。
女性：はい，昨日送りました。明日には着くはずです。
男性：結構です。あのお客さんとの仕事を維持するなら，その書類はとても重要ですから。
女性：承知しています。先方が受け取ったら報告します。
質問：男性は何を知りたかったのですか。

No.15
Woman: I really need to buy some new clothes. Everything I have is so old.
Man: Are you going to replace everything? That sounds expensive.
Woman: I know some stores that sell inexpensive clothes. I'll go there.
Man: That sounds smart.
Question: What is the woman saying she will do?
女性：新しい服が何着か本当に必要です。持っている服はどれもとても古いのです。
男性：全部買い換えるのですか。それは高くつきそうですね。
女性：安価な服を売っている店を何軒か知っています。そこに行くつもりです。
男性：それが賢明ですね。
質問：彼女は何をするつもりだと言っていますか。

No.16
Man: Excuse me, does this dish have any pepper in it?
Woman: Yes it does. Is that a problem?
Man: Yes, actually. I'm allergic to pepper. Is there any way I could have it without pepper?
Woman: Certainly. I will tell the cook to leave it out.
Question: What do we learn about the man?
男性：すみません，この料理にコショウは使われていますか。
女性：はい，使われています。問題ございますか。
男性：実はそうなのです。私はコショウ・アレルギーなのです。何とかコショウ抜きでいただくことはできますか。
女性：かしこまりました。コックに除くように伝えます。
質問：男性についてわかることは何ですか。

No.17

Woman: Excuse me, I would like to know what day the garbage is picked up at my new address.
Man: Of course. What is your address?
Woman: 135 River Street.
Man: It looks like your pickup day is once a week on Tuesday.
Question: Why is the woman calling?

女性：すみません，転居先でごみが収集される日がいつなのか知りたいのですが。
男性：もちろんです。住所を教えてください。
女性：リバー・ストリート135番です。
男性：どうやら収集日は週1回，火曜日ですね。
質問：女性はなぜ電話をかけているのですか。

No.18

Man: Would you like some coffee?
Woman: No, thanks. If I have coffee in the afternoon, I'll stay up all night.
Man: I understand. I think I have some green tea. Would you like that?
Woman: That would be lovely, thank you.
Question: Why won't the woman drink coffee?

男性：コーヒーはどうですか。
女性：結構です。午後にコーヒーを飲むと，夜眠れなくなってしまうのです。
男性：わかります。私は緑茶にしようと思います。あなたもどうですか。
女性：いいですね，ありがとうございます。
質問：どうして女性はコーヒーを飲もうとしないのですか。

No.19

Girl: Dad, can we go to the beach this weekend?
Man: Maybe if other people want to go. Did you ask your mother?
Girl: Yeah, she said she would like to go, too.
Man: In that case, let's all go.
Question: What did the girl ask?

少女：パパ，今週末にビーチに行ってもいいかな。
男性：ほかに行きたいという人がいればいいと思うけどな。ママには聞いたのかい？
少女：うん，ママも行きたいと言っていたわ。
男性：それならみんなでいくとしよう。
質問：女の子は何を尋ねていますか。

No.20

Man: Ms. Kissinger, can I ask you a question?
Woman: Certainly Jason, what do you need?
Man: I'm going to miss class on Friday, and was wondering if you could give me that day's homework.
Woman: Of course, I've got it right here for you.
Question: What will the woman do next?

男性：キッシンジャー先生，質問をしてもよろしいですか。
女性：いいですよ，ジェイソン。どうしたのですか。
男性：金曜日の授業にでることができないのですが，その日の宿題をもらっておくことはできるかなと思いまして。
女性：もちろん，今ここで渡しておきましょう。
質問：次に女性は何をしますか。

第3部

No.21	1	No.22	2	No.23	2	No.24	1
No.25	4	No.26	4	No.27	3	No.28	1
No.29	4	No.30	2

解説
No.21 ▶ **1**「ほかの一切の言語と何の関係もありません」，**2**「以前はヨーロッパで多くの人々によって話されていました」，**3**「世界で最も古い言語の1つです」，**4**「フランス語やスペイン語よりも母語話者がたくさんいます」。終盤で，バスク語は地球上のいかなる言語とも関係がないと言及されています。

No.22 ▶ **1**「大学の図書館で働いています」，**2**「自分のラジオ番組を持っています」，**3**「ほかの学生の前で歌を歌って楽しんでいます」，**4**「昔のロック音楽は一度も聞いたことがありません」。中盤で，ライアンは自分の番組を持っていて，他の生徒のために自分のお気に入りの曲を聞かせることを楽しみにしていると言及されています。

No.23 ▶ **1**「それはとても大きくて重いと思っているからです」，**2**「それを破損することを心配しているからです」，**3**「古いナイフのほうが好きだからです」，**4**「それをなくすことを心配しているからです」。終盤で，ペギーが新しいナイフが損傷することを心配し，古いナイフを使うと言及されています。

No.24 ▶ **1**「スタート順を発表するためです」，**2**「レースへの登録方法を伝えるためです」，**3**「レースのルートについて説明するためです」，**4**「レーサーを4つのグループに分けるためです」。全体として，レーサーに対して，年齢ごとに分けられたグループごとのスタート順が説明されています。

No.25 ▶ 1「友達のために食事を作ります」, 2「友達にお金を払います」, 3「自分たちの赤ん坊の面倒をみます」, 4「友達の寛大さに感謝しています」。前半の内容がポイント。アシュリーとキャメロンの家が改修中に, 2人を自分の家に滞在させてくれる友人にとても感謝していると言及されています。面倒をみるのは自分たちの赤ん坊ではなく, 友人の赤ん坊であることに注意。

No.26 ▶ 1「女性選手が十分にいませんでした」, 2「チームに加入するにはあまりに高額でした」, 3「最初の数年間は試合に負け続けました」, 4「試合でプレーできない選手がたくさんいました」。中盤で, バレーボールチームへの加入者が増え, 試合に出場できずに見ているメンバーがたくさんいたと言及されています。

No.27 ▶ 1「それを店に返却しました」, 2「それを寝室に保管しておきました」, 3「それを修理してもらいました」, 4「それを祖母にあげました」。祖母から古い腕時計を贈られたラッセル。動かなかったその腕時計を修理店に持っていったと中盤で言及されています。

No.28 ▶ 1「その店が行っている特売」, 2「その店が売っている食物のレシピ」, 3「その店の営業時間」, 4「シーフードの値上げ」。前半の内容から, 閉店までの時間, シーフードが半額になると言及されています。

No.29 ▶ 1「友達を夕食に招待します」, 2「友達とジョギングに行きます」, 3「友達とボードゲームを考え出します」, 4「友達とゲームパーティーをします」。前半の内容がポイント。ポールは毎週, ボードゲーム・ナイトを行っていると言及されています。

No.30 ▶ 1「風車は騒々しすぎると思っているからです」, 2「風車はみにくいと思っているからです」, 3「風車は空気を汚染すると思っているからです」, 4「風車は地域の生態系を台なしにすると思っているからです」。風車に反対する人に関する言及は中盤にあります。反対する人々は風車が景観を損ねると考えている, とあります。

▶読まれた英文と意味

No.21
On the border of France and Spain, there is an ethnic group called the Basques. These people speak Basque, which is not like French or Spanish at all. In fact, it's not like any other language in Europe. The language isn't related to any other language on Earth.
Question: What is one thing we learn about the Basque language?

フランスとスペインの国境にバスクと呼ばれる民族集団がいます。これらの人々はバスク語を話します。それはフランス語ともスペイン語とも全く違います。実際, それはヨーロッパのいかなる言語とも似ていません。その言語は地球上の他のいかなる言語とも関係がないのです。
質問：バスク語についてわかることは何ですか。

No.22
This semester, Ryan started working at his college radio station. He has always liked music, especially old rock music. He has his own show and has a lot of fun playing his favorite songs for other students. He also enjoys using the radio station's music library to learn about new music he's never heard before.
Question: What is one thing we learn about Ryan?

今学期, ライアンは大学のラジオ局で働き始めました。彼はずっと音楽が好きで, 特に昔のロック音楽を気に入っています。彼は自分の番組を持っていて, ほかの学生のためにお気に入りの音楽をかけて大いに楽しんでいます。彼はまた, 以前に聞いたことがない新しい音楽について学ぶために, ラジオ局の音楽ライブラリーを利用して楽しんでいます。
質問：ライアンについてわかることの1つは何ですか。

No.23
Peggy recently bought a new cooking knife. It is of very high quality and much more expensive than her other knives. She's been excited to try it out when making some new recipes. It cuts much better than her old knives, but she's worried about damaging it. Sometimes she just uses her other, older knives so she doesn't have to worry.
Question: Why does Peggy sometimes not use her new knife?

ペギーは最近, 新しいクッキング・ナイフを買いました。それはとても高品質で, 彼女が持っているほかのナイフよりもずっと高価です。彼女は新しいレシピを作るときにそれを試しに使い, わくわくしています。古いナイフよりも切れ味はずっといいですが, 彼女はそれを損傷するのが心配です。彼女はときどきほかの古いナイフを使います。そうすれば心配しなくていいからです。
質問：ペギーがときどき自分の新しいナイフを使わな